ମା' ସେ ଅମୃତମୟୀ

ମା' ସେ ଅମୃତମୟୀ

(କବିତାଞ୍ଜଳି)

ସୁମିତ୍ରା ମିଶ୍ର

ବ୍ଲାକ୍ ଇଗଲ୍ ବୁକ୍ସ
ଭୁବନେଶ୍ୱର, ଓଡ଼ିଶା

BLACK EAGLE BOOKS
Dublin, USA

ମା' ସେ ଅମୃତମୟୀ / ସୁମିତ୍ରା ମିଶ୍ର

ବ୍ଲାକ୍ ଈଗଲ୍ ବୁକ୍ସ : ଭୁବନେଶ୍ୱର, ଓଡ଼ିଶା • ଡବ୍‌ଲିନ୍, ଯୁକ୍ତରାଷ୍ଟ୍ର ଆମେରିକା

BLACK EAGLE BOOKS

USA address:
7464 Wisdom Lane
Dublin, OH 43016

India address:
E/312, Trident Galaxy, Kalinga Nagar,
Bhubaneswar-751003, Odisha, India

E-mail: info@blackeaglebooks.org
Website: www.blackeaglebooks.org

First International Edition Published by
BLACK EAGLE BOOKS, 2023

MAA SE AMRUTAMAYEE
by **Sumitra Mishra**

Copyright © **Sumitra Mishra**

All rights reserved. No part of this publication may be reproduced, stored in a retrieval system, or transmitted, in any form or by any means, electronic, mechanical, photocopying, recording or otherwise without the prior permission of the publisher.

Cover & Interior Design: Ezy's Publication

ISBN- 978-1-64560-474-7 (Paperback)

Printed in the United States of America

ମୋର ମା' ସ୍ୱର୍ଗତା ବୁଦ୍ଧିମତୀ ଦେବୀ ମୋ ପୁତ୍ର ସ୍ୱୟଂଜିତ୍ ସହ

ଉତ୍ସର୍ଗ

କର୍ମ- ସେବା-ତ୍ୟାଗ-ଭକ୍ତିର ପବିତ୍ର ଶିଖାରେ
ଦୀପ୍ତିମନ୍ତ ଯେଉଁ ନାରୀ ଜଣକ
ମୋ ମା'ର ଅବିକଳ ପ୍ରତିମୂର୍ତ୍ତି
ମୋ ବଡ ଭଉଣୀ
ଶ୍ରୀମତୀ ପ୍ରତିମା ଦ୍ୱିବେଦୀ
ଓ ତା ଜୀବନ ନୌକାର ମଙ୍ଗୁଆଳ
ମୋ ବଡ ଭିଣୋଇ
ପ୍ରଫେସର ପଦ୍ମଲୋଚନ ଦ୍ୱିବେଦୀ,
ଯାହାଙ୍କ ପ୍ରଚୋଦନାରେ ପ୍ରେରିତା ହୋଇ
ମୁଁ ଲେଖି ବସିଥିଲି ମୋ ମା'ର ସ୍ମୃତିରେ
ଏହି କବିତା ବହିଟି
"ମା' ସେ ଅମୃତମୟୀ"
ତାଙ୍କରି ସ୍ନେହ-ଆଶିଷମୟ କର କମଳରେ
ଉତ୍ସର୍ଗ କଲି ମୋର ଭକ୍ତି-ଶ୍ରଦ୍ଧା-ଗ୍ରଥିତ
ପୁଷ୍ପମାଲ୍ୟ ଏହି ସ୍ମୃତି ଗ୍ରନ୍ଥ
"ମା' ସେ ଅମୃତମୟୀ"।

ସ୍ନେହାଧୀନା 'ଅଖୁଜି'
(ଡ: ସୁମିତ୍ରା ମିଶ୍ର)

ପ୍ରାକ୍ କଥନ

'ମା' ଜନ୍ମଦାତ୍ରୀ। ମା'ର ଗରିମା ବର୍ଣ୍ଣିବା ପାଇଁ ଯେତେ ଯେତେ ପୁସ୍ତକ ରଚନା ହେଲେ ବି ତାହା ଅକୁଳାଣ ହେବ। କେତେ କେତେ କବି, ଲେଖକ, ସାହିତ୍ୟିକ ଅଜସ୍ର ଗଦ୍ୟ, ପଦ୍ୟ, କାବ୍ୟ ରଚନା କରି ଚାଲିଛନ୍ତି ମା'ର ମହିମା କୀର୍ତ୍ତନ କରି, ତା'ର ଋଣ ସୁଝେଇବା ପାଇଁ, କିନ୍ତୁ ତା କି ସମ୍ଭବ?

ମା' ଅମୃତମୟୀ। ଅମୃତର କଳସଟିଏ ତା ହୃଦୟରେ ଭରି ଦେଇଛନ୍ତି ଈଶ୍ୱର। ସେ ଅମୃତ ତା'ର ବିମଳ, ପବିତ୍ର ଅନିର୍ବଚନୀୟ ମମତା।

ମା' ଦିବ୍ୟ-ଭବ୍ୟ-ଶୋଭନୀୟ-କମନୀୟ ଏକ ସୃଷ୍ଟି। ସେବା ଭାବରେ ମହନୀୟା, କ୍ଷମା ଗୁଣରେ ସର୍ବଂସହା। କିଏ କଳିପାରିବ ତା'ର ତ୍ୟାଗ-ତିତିକ୍ଷାର ମୂଲ୍ୟ?

ମୋର ଏହି କବିତା ଗ୍ରନ୍ଥ "ମା' ସେ ଅମୃତମୟୀ"ରେ ମୁଁ ସେ ଧୃଷ୍ଟତା କରି ନାହିଁ, ମା'କୁ କଳିବାର କି ମା'ର ଋଣ ସୁଝିବାର। ବର୍ଣ୍ଣନା କରିଛି ମୋ ମା'କୁ ମୁଁ ଯେମିତି ଅନୁଭବ କରିଥିଲି ପିଲାଦିନେ, ଯେମିତି ଦେଖିଥିଲି ବଡ ହୋଇ ବୁଝିଲା ପରି ହେବା ପରେ ଓ ମା'କୁ ହରାଇବା ପରେ। ଏ କେଇଟି କବିତା ମୋ ମା' ପଦ୍ମପାଦରେ ମୋର ଶ୍ରଦ୍ଧାଞ୍ଜଳି ମାତ୍ର।

ମୋ ମା'ର ନାଁ ଥିଲା ଶ୍ରୀମତୀ ବୁଦ୍ଧିମତୀ ଦାଶ, ମୋ ପିତାଙ୍କର ନାମ ଥିଲା ଶ୍ରୀ ଅର୍ଜୁନ ଚରଣ ଦାଶ। ସେମାନଙ୍କ ଜନ୍ମ ତାରିଖ ମୋତେ ଜଣା ନାହିଁ। ସେମାନଙ୍କ ଜୀବନ ସଂଗ୍ରାମର ପୃଷ୍ଠାଟିଏ ବି ମୁଁ ପଢି ପାରିନାହିଁ। ପିତା ସର୍ବଦା ବହିର୍ଜଗତରେ କାର୍ଯ୍ୟବ୍ୟସ୍ତ ରହୁଥିବା ହେତୁ ବଢିଥିଲୁ ମା' କୋଳରେ, ଭାଇ ଭଉଣୀଙ୍କ ମେଳରେ। ମୁଁ ମୋ ମା'ର ଷଷ୍ଠ ସନ୍ତାନ। ମୋ ଉପରେ ଚାରି ଭାଇ ଓ ଜଣେ ଭଉଣୀ, ତଳେ ଦୁଇ ଭଉଣୀ। ମୁଁ ଜନ୍ମଠାରୁ ପନ୍ଦର ବର୍ଷ ମାତ୍ର ଜନ୍ମ ମାଟିରେ ମା' ପାଖରେ ରହିଥିଲି। ତାପରେ କଲେଜ ପଢିବା ପାଇଁ ସହରକୁ ଆସିବା ପରେ ଆଉ ବିଶେଷ ଘନିଷ୍ଠ

ହେବାର ସୁଯୋଗ ପାଇନାହିଁ, କାରଣ ଛୁଟି କଟି ଯାଉଥିଲା ଭାଇଭଉଣୀଙ୍କ ସହ ଗପସପ, ତାସ୍, କ୍ୟାରମ୍ ଖେଳରେ ଓ ଗପବହି ପଢାରେ, ମା'ର ବ୍ୟସ୍ତ ଜୀବନ ଆଡକୁ ନଜର ନଥିଲା।

ପୁଣି ମା'ର ମାତୃତ୍ୱର ମହନୀୟତା ଅନୁଭବ କଲି ଯେତେବେଳେ ମୁଁ ନିଜେ ମା' ହେଲି। ସେତେବେଳେ ସେ ଆସି ମୋ ପାଖରେ କିଛି କାଳ କାଟିଲା। ସେତେବେଳକୁ ସେ ବାର୍ଦ୍ଧକ୍ୟର ପାଖାପାଖି ହୋଇ ସାରିଥିଲା। କିନ୍ତୁ ସେତେବେଳେ ବି ମୁଁ ନିରେଖି ଦେଖି ପାରିଲି ନାହିଁ ତା ମନ ତଳ ମନକୁ। ମୁଁ ତ ମଜ୍ଜି ଯାଇଥିଲି ମୋ ସ୍ୱାମୀ, ସନ୍ତାନଙ୍କ ସେବାରେ, ଗୃହ ଜଞ୍ଜାଳରେ। ତେଣୁ ମୁଁ ଯେଉଁ ଛବି ମୋ ମା'ର ଆଙ୍କିଛି ଏହି କବିତା ଗୁଡିକରେ, ତାହା ମୋର ଆଦ୍ୟ ଜୀବନର ସେଇ ପନ୍ଦର ବର୍ଷର ସ୍ମୃତି, ଯାହା ଏବେ ବି ଅଲିଭା ରହିଛି ମାନସ ପଟରେ।

ମୁଁ ମୋ ମା' ଭିତରେ ଅନୁଭବ କରିଛି ସମଗ୍ର ମାତୃ ଶକ୍ତିର ମହିମା। ମୁଁ ନିଜେ ମା' ହୋଇଥିଲେ ବି ମୋ ମା'ର ସାଂସାରିକ ଜୀବନକାଳ ଖଣ୍ଡର ଅନୁଭୂତିରୁ ମୋର ଅନୁଭୂତି ଅଲଗା। ଅନୁଭୂତି ଅଲଗା ସତ, ମାତ୍ର ମା'ର ଭାବନା, ମା'ର ମମତା, ମା'ର ଆଶୀଷ, ମା'ର ପ୍ରାର୍ଥନା ସେଥିରୁ ଅଲଗା ନୁହେଁ। ବିଶ୍ୱର ସବୁ ମା'ଙ୍କର ମାତୃତ୍ୱର ଅନୁଭୂତି ସମାନ କି ନୁହେଁ ମୁଁ ଜାଣିନି, ମାତ୍ର ଏତିକି ଜାଣିଛି ମାତୃତ୍ୱର ସୁଧାଧାରା ଯୋଗୁଁ ପବିତ୍ର ଏ ବିଶ୍ୱ। କୌଶଲ୍ୟା ଅଛନ୍ତି, କୈକେୟୀ ବି ଅଛନ୍ତି, କୁନ୍ତୀ, ଦ୍ରୌପଦୀ ବି ଅଛନ୍ତି, ଅଛନ୍ତି ବି ସୁଭଦ୍ରା, ସୀତା ଓ ମନ୍ଦୋଦରୀ। ଯେତେ ବିପରୀତ ପରିସ୍ଥିତି ହେଉ ନା କାହିଁକି, ସମସ୍ତେ ସନ୍ତାନ ପାଇଁ ଢାଳି ଦେଇଛନ୍ତି ଅମାପ, ଅସୀମ ଆଶିଷର ଧାରା, ବିସ୍ତାରି ଦେଇଛନ୍ତି ଅନନ୍ତ ମମତାର ପଣତ କାନି। ତେଣୁ ଏଇ କବିତାଗୁଡିକ ମୋ ମା' ପାଇଁ ଉଦ୍ଦିଷ୍ଟ ଥିଲେ ବି ଏଥିରେ ରହିଛି ପ୍ରତ୍ୟେକ ମା'ଙ୍କ ମାତୃତ୍ୱର ଗରିମାମୟୀ ଚିତ୍ରପଟ, ସେମାନଙ୍କ ସେବା-ତ୍ୟାଗ-ତିତିକ୍ଷାର ଛବି।

ସ୍ୱାଧୀନତାର ଅମୃତ ମହୋତ୍ସବ ପାଳନ ଅବସରରେ ମୋର ଆତ୍ମା ବିଳାପ କରି ଉଠୁଥିଲା ଆମ ଦେଶର ଅସଂଖ୍ୟ ଅସୁରକ୍ଷିତା ମା' ମାନଙ୍କ ପାଇଁ, ଯେଉଁମାନେ ସନ୍ତାନମାନଙ୍କର ଅବହେଳା ଓ ଅପମାନର ଶିକାର ହୋଇ ମଧ୍ୟ ସର୍ବଦା ସନ୍ତାନଙ୍କର ମଙ୍ଗଳ ପାଇଁ ପ୍ରାର୍ଥନା କରୁଥାନ୍ତି। "କେତେ କେତେ ଅମୃତମୟୀ ମା' ଦେଶର ସୁରକ୍ଷା ପାଇଁ, ଜାତିର ଗୌରବ ପାଇଁ ବଳି ଦେଇଛନ୍ତି କେତେ ପୁତ୍ର, ମାତ୍ର ତାଙ୍କ ବିଷୟରେ ଇତିହାସ କିଛି ଲେଖା ରହିନାହିଁ! ସେମାନେ ଆମର ଏହି ସ୍ୱର୍ଗାଦପି ଗରୀୟସୀ ଜନ୍ମଭୂମିର ଅମୃତମୟୀ, ମହିମାମୟୀ ମା'!" ସେଇମିତି ଅନେକ ବ୍ୟଥା ବିଧୁରା ମା'ଙ୍କୁ ଭେଟିଥିଲି ଏକ ବୃଦ୍ଧାଶ୍ରମରେ। ସେବେଠାରୁ ମନ ଭିତରେ ସ୍ଥିର କରିଥିଲି ମା'

ଯେ କି ମହନୀୟା, ଗରିମାମୟୀ, ଅମୃତମୟୀ, ସେ ବିଷୟରେ କିଛି ଲେଖିବି। ତେଣୁ ସ୍ଥିର କଲି ୭୫ଟି କବିତା ଉତ୍ସର୍ଗ କରିବି ଅମୃତମୟୀ ମାତୃଜାତିକୁ। ଭାରତ ମାତାର ସ୍ୱାଧୀନତାର ଏହି ଅମୃତ ମହୋତ୍ସବ ପାଳନ ବେଳାରେ ଏହି କବିତା ଗ୍ରନ୍ଥରେ ମୋ ମା' ପ୍ରତି ଶ୍ରଦ୍ଧାଞ୍ଜଳୀ ବାଢ଼ି ମୁଁ ସନ୍ତୁଷ୍ଟ ନୁହେଁ, କାରଣ ଯେଉଁ ଟିକିଏ ସେବା କି ଆଦର ତାକୁ ଦେଇ ପାରିଥାନ୍ତି ତା'ର ଜୀବତାବସ୍ଥାରେ, ତାହା ମୁଁ କରି ପାରିନି ସଠିକ୍ ଭାବରେ। ତେଣୁ ମୁଁ ଏବେ ବି ତା ପାଖରେ ଋଣୀ।

ମା' ମୋର! ତୋ ସ୍ନେହ-ଆଶିଷର ଛାୟାରେ ବଢ଼ି ଆମେ ସଭିଏଁ ବଡ ହୋଇଛୁ। ଦୂରରେ, ବହୁ ଦୂରରେ, କେଉଁ ଅଦୃଶ୍ୟ ଜଗତରେ ଥାଇ ବି ତୁ ଢାଳୁଥା ତୋ ଆଶିଷ ଆମରି ଉପରେ। ତାହା ହିଁ ଆମର ସୁରକ୍ଷା କବଚ।

ସ୍ନେହର 'ବାୟାଣୀ'
(ସୁମିତ୍ରା ମିଶ୍ର)

ସୂଚୀପତ୍ର

୧.	ଅମୃତମୟୀ ମା'	୧୫
୨.	ବୁଦ୍ଧିମତୀ ମୋ ମା'	୧୭
୩.	ମା' ମୋର ଲକ୍ଷ୍ମୀ ଠାକୁରାଣୀ	୨୩
୪.	ମୁଁ ଓ ମୋ ମା'	୨୮
୫.	ମା'କୁ କଳିବ କିଏ ?	୨୯
୬.	ମା' ବିଶ୍ୱାସର ନିଶ୍ୱାସଟିଏ	୩୧
୭.	ମା' ବସୁମତୀ	୩୩
୮.	ନୁହେଁ ସେ ଦେବୀ କି ଦାନବୀ	୩୫
୯.	ମହକୁ ଥା ମୋ ବିଭୋର ପ୍ରାଣରେ	୩୭
୧୦.	ମା' ବିନା ନାହିଁ ଅସ୍ତିତ୍ୱ	୩୯
୧୧.	ଚେତନାରେ ଥାଏ ମା'	୪୧
୧୨.	ମା' ମୋର ଧ୍ରୁବତାରା	୪୩
୧୩.	ମାତା ସେ ଗୃହିଣୀ	୪୫
୧୪.	ମା' ଚାଲିଗଲା ପରେ	୪୭
୧୫.	ମା' ହିଁ ଥିଲା ମୋର ଦୁନିଆଁ	୪୯
୧୬.	ମା' ସେ ପରମେଶ୍ୱରୀ	୫୧
୧୭.	ମୋ ମା' ପରି କିଏ	୫୨
୧୮.	ଆମ ସୌରମଣ୍ଡଳର ସୂର୍ଯ୍ୟ ମା'	୫୪
୧୯.	ମନେ ପଡୁଛି ମା'	୫୬
୨୦.	ସବୁ ସମସ୍ୟାର ସମାଧାନ ମା'	୫୯
୨୧.	କେଉଁ ଧାତୁରେ ଗଢା ମା'	୬୧
୨୨.	ମା' ପାଖରେ ଥିବା ବେଳେ	୬୩
୨୩.	ଜର ହୋଇଥିବା ବେଳେ	୬୫
୨୪.	ମା' ମୋର ତାରା ହୋଇଗଲା ପରେ	୬୭
୨୫.	ମା' ଓ ବାପା	୬୯
୨୬.	ଅସମାନ୍ୟା ତୁହି ମା'	୭୧
୨୭.	ମା' ବୁଢୀ	୭୩
୨୮.	ମା' ବନାମ ମାଟି ମା'	୭୬
୨୯.	ମମତାମୟୀ ମା'	୭୮

୩୦.	ମା' ତୁ ବସୁନ୍ଧରା	୮୦
୩୧.	ଅନ୍ତର୍ମନରେ ମା'	୮୨
୩୨.	ମାତା କୁନ୍ତୀଙ୍କ ବାଣୀ	୮୪
୩୩.	ସୈନିକର ମା'	୮୬
୩୪.	ହ୍ୱିଲ୍ ଚେୟାରରେ ମା'	୮୮
୩୫.	ଜରାଶ୍ରମରେ ମା'	୯୦
୩୬.	ମା'ର ପରିଚୟ	୯୨
୩୭.	ମା'ର ପରିଧି	୯୪
୩୮.	ମା'ର ରଣ	୯୬
୩୯.	ମା'ର ସ୍ମୃତି	୯୮
୪୦.	ମା'ର ଛବି	୧୦୦
୪୧.	ମା'ର ମହିମା	୧୦୨
୪୨.	ମା'ର ଆଶିଷ	୧୦୪
୪୩.	ମା'ର ଜୀବନ	୧୦୬
୪୪.	ମା'ର ସଂଗ୍ରାମ	୧୦୮
୪୫.	ମା'ର ସାଧନା	୧୧୦
୪୬.	ମା'ର ପଣତକାନି	୧୧୨
୪୭.	ମା'ର କାଳିଆ ଭକ୍ତି	୧୧୪
୪୮.	ମା'ର ଠାକୁର ପୂଜା	୧୧୬
୪୯.	ମା'ର ନବବଧୂ ରୂପ	୧୧୯
୫୦.	ମା'ର ପାନଡାଲା	୧୨୧
୫୧.	ମା'ର ଶାଗପତାଳି	୧୨୩
୫୨.	ମା'ର କାଈଁଚ ପେଡ଼ି	୧୨୬
୫୩.	ମା'ର ଦଦରା ନାଆ	୧୨୮
୫୪.	ମା'ର ଖଇଭଜା	୧୩୦
୫୫.	ମା'ର ଉପଦେଶ	୧୩୨
୫୬.	ମା'ର ହସ	୧୩୪
୫୭.	ମା'ର ଦୁଃଖ	୧୩୬
୫୮.	ମା' ମନତଳ	୧୩୮
୫୯.	ମା'ର ଅଲୋଡ଼ାପଣ	୧୪୦
୬୦.	ମା' ଆଖିର ମୋତିଆବିନ୍ଦୁ	୧୪୨

୬୧.	ମା'ର ସମର୍ପଣ	୧୪୪
୬୨.	ମା'ର ମନେଇବା କଳା	୧୪୬
୬୩.	ମା'ର ଘରବାହୁଡ଼ା	୧୪୮
୬୪.	ମା'ର ହାତରନ୍ଧା	୧୪୯
୬୫.	ମା'ର ମମତା ପୀୟୂଷ	୧୫୧
୬୬.	ମା'ର ଉଦାରତା	୧୫୩
୬୭.	ମା'ର ପ୍ରାର୍ଥନା	୧୫୫
୬୮.	ମା'ର ମନଶାରୀ	୧୫୭
୬୯.	ମା'ର ଚିତ୍ରପଟ	୧୫୯
୭୦.	ମା'ର ଛାଇ	୧୬୧
୭୧.	ମା'ର ଭଙ୍ଗା ସୁଟ୍‌କେଶ	୧୬୩
୭୨.	ମା'ର ଆୟୁଧ	୧୬୬
୭୩.	ମା'କୁ ମଞ୍ଜୁର	୧୬୮
୭୪.	ମା'ର ଲାୱାରିସ୍ ଶବ	୧୭୦
୭୫.	ମା' ରଥର ସାରଥୀ	୧୭୨

ଅମୃତମୟୀ ମା'

ମା' ତ ଅମୃତମୟୀ
ତା'ର ଅନ୍ତର ଏକ ଅମୃତ କଳସୀ
ଯେଉଁଠି ଭରି ରହିଥାଏ
ମମତା ଓ ଭରସାର ଅସରନ୍ତି ଅମୃତ ବିନ୍ଦୁ।

ଅମୃତର ଧାରା ପରି ଝରି ଆସେ
ତା କଣ୍ଠରୁ ମମତା ବୋଳା ଡାକଟିଏ,
ଶ୍ରଦ୍ଧା ନାମ, 'ବାୟାଣୀ', 'ପାଗିଳୀ', 'ସୁକୁଟି'
ତା କଣ୍ଠରୁ ଝରୁଥିବା ନାନାବାୟା ଗୀତ
ଶୁଭେ ବେଦ ନିସୃତ ଓଁକାର ପରି ଅମୃତମୟ, ମଧୁର।

ଅମୃତର ସ୍ୱାଦ ଥାଏ ତା ହାତ ତିଆରି
ସାଧାରଣ ଭାତ, ତରକାରୀ, ପିଠା, କ୍ଷିରୀରେ
ମାଣବସା ଗୁରୁବାର ଅବା ସୁଦଶା ମଣ୍ଡା ହେଉ
କି କାର୍ତ୍ତିକ ମାସ ହବିଷ ଡାଲମା, ଆମ୍ବୁଲ ରାଇ ହେଉ,
ମହୁରାଳି ମାଛ ପତୁଆ କି ଛତୁ ଭଜା
ଦହି କଡି କି ମୁଗ, ନଡିଆ କୋରା ମିଶା ସଜନା ଶାଗ
ସବୁ ଲାଗେ ସୁସ୍ୱାଦୁ, ତା ଅମୃତମଖା ହାତର ପରଶରେ।

ହେଲେ କିଏ ବୁଝେ, କିଏ ମୂଲ୍ୟ ଦିଏ
ମା'ର ନିସ୍ୱାର୍ଥ ସେବା, ତ୍ୟାଗ, ଶ୍ରମର ?

କୃତଜ୍ଞତାର ସହସ୍ର ଅଞ୍ଜୁଳି କି
ସମ୍ମାନର ଲକ୍ଷେ ପଦ୍ମଫୁଲ ଖୋଜେନା ସେ
ସ୍ଥିତପ୍ରଜ୍ଞା ତା'ର ଜୀବନ ଦର୍ଶନ
ସାଂସାରିକ ଦୁଃଖ, ଶୋକ ଝଡଝଞ୍ଜାରେ
ଦୋହଲି ଦୋହଲି ବି ମୁଣ୍ଡ ଟେକି ରହିଥାଏ ସେ,
ଅମୃତରସ ସିକ୍ତା ଅମନନୀୟ ଅଦମନୀୟ ପାଦପଟିଏ ସେ
ତା ବଲ୍କଳର ଗଣ୍ଠିରେ ତନୁର ତନ୍ତୁରେ ସାଇତିଥାଏ
ସ୍ୱାମୀ, ସନ୍ତାନଙ୍କ ସୁଖ, ସମୃଦ୍ଧିର ଅମୃତ କଉଡି ।

■

ବୁଦ୍ଧିମତୀ ମୋ ମା'

ନିରକ୍ଷରା ସିନା ଜନନୀ ମୋହର
ପଢ଼ି, ଲେଖି ଶିଖି ନାହିଁ
ହୃଦୟ ମନ୍ଦିରେ ମମତା ଅମୃତ
ପାଇବି ସେ ମଧୁ କାହିଁ ? ?
ଅନାମିକା ଏକ ବ୍ରାହ୍ମଣ ପଲ୍ଲୀର
ପର୍ଣ୍ଣ କୁଟୀରେ ରହି
କର୍ମକୁ ମାନି ଜୀବନର ଧର୍ମ
ଦୁଃଖ କେବେ କରି ନାହିଁ।
ପରବାସୀ ପତି ହେଲେ ହେଁ ତାଙ୍କରି
ଧ୍ୟାନରେ ଲୋଟାଇ ପ୍ରାଣ
ଶାଶୁ, ଦେଢଶୁର ଦିଅର ସେବାରେ
ଖଟୁଥାଏ ଦିନମାନ।
ବାର ବୟସରୁ ସଂସାର ଜଞ୍ଜାଳ
ପଡିଲା କାନ୍ଧରେ ଭାର
ଦରିଦ୍ର ବ୍ରାହ୍ମଣ ପରିବାରେ ବନ୍ଧା
ହେଲା ତା ଜୀବନ ଡୋର।
ଷୋହଳ ବୟଷେ ଜନନୀ ସାଜିଲା
ଜନମିଲେ ପୁତ୍ର କନ୍ୟା
ଆଠଟି ସନ୍ତାନ ଧରାକୁ ସମର୍ପି
ନାରୀ ଜନ୍ମ କଲା ଧନ୍ୟା।

ନୁହେଁ ସେ ବିଦୁଷୀ   ସୁଶ୍ରୀ ବା ରୂପସୀ
    ଚମ୍ପକ ବରଣ ମୋହେ
କୋମଳ ଚାହାଣୀ   ଲବଣୀ ଅଧର
    ଗଣ୍ଡେ ପାନ ଖିଲ ଶୋହେ ।
ମମତାର ମୂର୍ତ୍ତି   ଦୟାମୟୀ ସେ ଯେ
    ଅନ୍ତରେ ସେନେହ ଭରା
ଦୁଃଖୀ ରଙ୍କୀ ଦୁଃଖ   ବୁଝି ସେ ପାରଇ
    ହୃଦୟ ଦୟା ପସରା ।
ବନ୍ଧୁ ପରିଜନ   ଆଶ୍ରିତ ସ୍ୱଜନ
    ସଭିଙ୍କୁ ଆପଣା କରି
ବାଣ୍ଟିଥାଏ ଶ୍ରଦ୍ଧା   ସଭିଙ୍କୁ ସମାନେ
    ପର-ଆପଣା ଭେଦ ନ କରି ।
ନିପଟ ପଲ୍ଲୀର   କର୍ମ-ଚଂଚଳା ସେ
    ମଥାରୁ ଓଢଣୀ ଖସେନି କେବେ
ଲଲାଟେ ଚମକେ   ସିନ୍ଦୂର ବିନ୍ଦୁଟି
    ସରୁ ନାସିକାରେ ନୋଥଟି ସାଜେ ।
ଅଙ୍ଗରେ ଜଡିତ   ସୂତା ଲୁଗା ଖଣ୍ଡେ
    ଆବୃତା ତା ତନୁ ଧନ,
ଲାଜ ସରମ ତା   ଅଳଙ୍କାର ଯେଣୁ
    ରୂପ ତା'ର ମୋହେ ମନ ।
ପିନ୍ଧି ନାହିଁ କେବେ   ରେଶମ ପଶମ
    ଦଶହାତୀ ଶାଢୀ ସର୍ବଦା ତା'ର
ସାୟା କି ବ୍ଲାଉଜ୍   ଲୋଡିନାହିଁ କେବେ
    ତଥାପି ସେଥିରେ ଦିଶେ ସୁନ୍ଦର ।
ସାରା ଗ୍ରାମ ପାଇଁ   ଜନନୀ ସମା ସେ
    ସଭିଙ୍କ ମନରେ ତା'ର ଆଦର
ନିର୍ଦ୍ଧନୀ ସିନା ସେ   ହୃଦୟ ତା ଧନୀ
    ଅନାବିଳ ସ୍ନେହ, ମମତା ତା'ର ।
ଦୁଃଖୀ ବୋଲି ତା'ର ନାହିଁ ରାଗ, କ୍ଷୋଭ

ପରିବାର ସେବା ବ୍ରତକୁ ପାଳି
ହସି ହସି ଲୋଟି କରୁଥାଏ କାମ
କେବେ ସେ କାହାକୁ ନଦିଏ ଗାଳି।
ତିକ୍ତତା ନାହିଁ ଅନ୍ତରେ ତାହାର
ଶତ୍ରୁ ବୋଲି ତା'ର ନାହାନ୍ତି କେହି
ସଭିଙ୍କୁ କରେ ସେ ସମ୍ମାନ, ଆଦର,
ବିପଦେ ପାଖରେ ଥାଏ ସେ ରହି।
ଆପଣା କଷଣ ତା ପାଇଁ ଭୂଷଣ
ପର ଦୁଃଖ ତାକୁ ଘାରେ ବହୁତ
ଶୁଣି ଅନ୍ୟ ଦୁଃଖ ଲୁହ ଝରି ପଡେ
ଈଶ୍ୱରଙ୍କ ଆଗେ ଯୋଡେ ସେ ହାତ।
ଧର୍ମ ତା'ର କର୍ମ ସେବା ରେ ସେ ମଗ୍ନ
ବୁଝେ ସଭିଙ୍କର ଅଳି, ଅର୍ଦ୍ଦଳି
ହସି ହସି ପୁଣି ସହେ ନାନା କଥା
ରାଗ, ଅଭିମାନ, ଦିଏ ସେ ଟାଳି।
ନିରବଧି କର୍ମ ଜୀବନର ଧର୍ମ
କେବେ କରେ ନାହିଁ ଗର୍ବ, ଗଉରବ
ଲୋଡାନାହିଁ ତା'ର ଧନ, ପାଟ, ମଠା
ସନ୍ତାନ ଅଟନ୍ତି ତା ବଇଭବ।
ଯଦିଓ ଯାଇନି ଚାଟଶାଳୀ କେବେ
ଲେଖିନାହିଁ କେବେ ହସ୍ତାକ୍ଷର
ବୁଦ୍ଧିରେ ଶିଖିଛି ହିସାବ କିତାବ
ସଜାଡିଛି ନିଜ ଘରସଂସାର।
ସାଇତି ସଂପାଦି ପତିଙ୍କ ଅର୍ଜନ
ବିଦେଶୁ ଆଣନ୍ତି ଯାହା ସେ ଧନ
ବଢାଇ ଥିଲା ସେ ଘର ପରମ୍ପରା
ବଢାଇଲା ବଂଶ ମାନ, ସମ୍ମାନ।
ଜଗିରଖି ଖର୍ଚ୍ଚ କରୁଥାଏ ନିତି
ନ ଯାଏ କେବେ ସେ ବଜାର ହାଟ

ତଥାପି ତା ପାଶେ ଲକ୍ଷ୍ମୀଙ୍କ ଆବାସ
ବିପଦକୁ ସଦା ଥାଏ ତା ବାଟ।
ସିନ୍ଦୂରା ଫାଟିବା ପୂର୍ବରୁ ଉଠି ସେ
ଛୁଞ୍ଚକନା ଖଣ୍ଡେ ହାତରେ ଧରି
ଘରଦ୍ୱାର ଲିପି ପରିଷ୍କାର କରେ
ନାଳ ଧୁଏ ପାଣି ଗଗରା ଢାଳି।
ବାଡି ବଗିଚାରେ ବୁଲି ବୁଲି ନିତି
ଗୋଟାଇ ଆଣେ ସେ ନାନା ପରିବା
ମୂଲିଆ ପୁନିଁଆ ତା'ର ଆଦେଶରେ
ଧାନ ଦ୍ୟନ୍ତି ଚାଷ କାମେ ସର୍ବଦା।
ଶାଗ ପଟାଳିରେ ପାଣି ଢାଳୁଥାଏ
ମଞ୍ଚାରେ ମଡାଇ ଜହ୍ନି, କାକୁଡି
ଧାନ ଉଁସା, ଶୁଖା, ଚାଉଳ ପାଛୁଡା
ଶ୍ରମ କରି ରଖେ ବସ୍ତା ସଜାଡି।
ଦେଖିନାହିଁ କେବେ ଆଳସ୍ୟରେ ବସି,
ଶୋଇ, ଗପି, ବୁଲି ଦିନ କାଟିବା
ସମୟର ନଷ୍ଟ କେବେ ସେ କରେନି
ଭୁଲେ ନାହିଁ କେବେ କର୍ମ କରିବା।
ତାକୁଲି ଧରିଣ ସୂତା କାଟି ରଖେ
ସଜାଡି ସାଇତି ତନ୍ତୀଙ୍କୁ ଦିଏ
ଦହି ଚହଲାଇ ଲହୁଣୀ ମାରଇ
ଘିଅ ମାରି ଚିନା ଡବାରେ ଥୁଏ।
ତେନ୍ତୁଳି ଲେମ୍ବୁର ଆଚାର ତିଆରି
ଶୁଖାଇ ରଖେ ସେ ଡବାରେ ଭରି
ପାଚିଲା ଆମ୍ବର ରସକୁ ଚିପୁଡି
ଆମ୍ବସଢା କରେ ସୁଆଦ ଭାରି।
ନିଦାଘ ଖରାରେ ସଭିଏଁ ଶୁଅନ୍ତି
ଗଛତଳେ ସପ ପାରି ଆନନ୍ଦେ
ଛୁଞ୍ଚି ସୂତା ହାତେ ଧରି ମା' ମୋର

ସିଲାଇରେ ଲାଗି ପଡି ଥାଏ ସେ ।
କେବେ ସେ ସଜାଏପିଲାଙ୍କ କୁରୁତା
କେବେ ତିଆରଇ ରେଜେଇ, କନ୍ଥା
କେବେ କାଢୁଥାଏ ନଡିଆରୁ ପିଞ୍ଛ
କେବେ ବୁଣୁଥାଏ ବିଞ୍ଚଣା, ପଙ୍ଖା ।
ତା ହାତ ତିଆରି ବେତର ଟୋକେଇ
ଟୋପରି, ପେଟରି କେତେ ପ୍ରକାର
ନାନା ରଙ୍ଗେ ରଙ୍ଗା ସଭିଙ୍କର ପ୍ରିୟ
ଗାଁ ମାଇପିଙ୍କ ବଡ ଆଦର ।
ତାଳପତ୍ର ଚିରି ଆସନ ତିଆରି
ରଖିଥାଏ ସଯତନେ ସେ ଘରେ
ଖାଇବା ଚାଳିରେ ପାରିଦିଏ ସେତ
ବନ୍ଧୁ ସ୍ୱଜନଙ୍କୁ ଅତି ଆଦରରେ ।
ଗପ କହେ ନାହିଁ ଢମ କରେ ନାହିଁ
କର୍ମ ଏକା ତା'ର ଜୀବନ ଗାଥା
ନିର୍ଜଳା ଉପାସେ କରେ ଓଷା, ବ୍ରତ
କା'ମନେ କେବେ ସେ ନଦିଏ ବ୍ୟଥା ।
ତା ହାତ ଚକୁଳି ଚିତଉ କି କ୍ଷିରୀ
ପୋଡପିଠାର ତ ସ୍ୱାଦ ନିଆରା
ମାଛ ତରକାରୀ ସୋରିଷ ଆମ୍ବୁଲେ
ଆହା କି ଅମୃତ ସ୍ୱାଦରେ ଭରା ।
ମାଟି ଚଟାଣରେ ସପ ଖଣ୍ଡେ ପାରି
ଗଡି ପଡେ ଯେବେ କେଉଁଠି ସିଏ
ତା କୋଳରେ ଗେଞ୍ଜି ପିଠିରେ ଆଉଜି
ଆମକୁ କୋଳେଇ ଆନନ୍ଦ ଦିଏ ।
ସଭିଙ୍କ ପାଇଁ ସେ ସାଧାରଣ ନାରୀ
ଆମ ପାଇଁ ଅଟେ ଅନ୍ନପୂର୍ଣ୍ଣା
ନିରକ୍ଷରା ସତ ବୁଦ୍ଧିମତୀ ସେ ଯେ
ଶୁଦ୍ଧ ବିବେକରେ ପରିପୂର୍ଣ୍ଣା ।

ତୋ ପାଖରେ ରହି   ବୁଝି ନଥିଲି ମା'
  କେତେ ଯେ ମହତ ଦାନ ତୋହର
ବାହା ପରେ ଯେବେ   ସଂସାରେ ପଶିଲି
  ବୁଝିଲି ସିନା ମୁଁ ମୂଲ୍ୟ ତାହାର।
ମାଆଲୋ ତୋ ପଦେ   ଢାଳେ ମୁଁ ପ୍ରଣତି
  ବାୟାଣୀ ଝିଅ ମୁଁ କହୁ ତୁ ଓଲି
ତୋ ପଣତ ତଳେ   ପିଲାବେଳ କାଟି
  ସଂସାରର ମାୟା ଜାଣି ନଥିଲି।
ନିଜର ସଂସାର   କଲି ମୁଁ ଯେବେଠୁଁ
  ବୁଝିଲି ତୋହରି ତ୍ୟାଗ ମହତ
ଭୁଲି ତୁ ନିଜର   ସ୍ୱାର୍ଥ, ସୁଖ, ଦୁଃଖ
  ଆମ ପାଇଁ କଷ୍ଟ କଲୁ ବହୁତ।
ଧନ୍ୟ ଧନ୍ୟ ଆମେ ଭାଇ ଭଉଣୀଏ
  ତୋ ପରି ମାଆଟି ଆମ କପାଳେ
ଦେଇଥିଲେ ପ୍ରଭୁ   କେଡେ ଦୟାବନ୍ତ
  ପ୍ରଣାମ କରେ ମୁଁ ସଂଜ ସକାଳେ।

■

ମା' ମୋର ଲକ୍ଷ୍ମୀ ଠାକୁରାଣୀ

କିଏ ଜାଣୁ କି ନଜାଣୁ,
ବୁଝୁ ନବୁଝୁ
ମୁଁ ଜାଣିଛି
ମା' ମୋର ଥିଲା ଲକ୍ଷ୍ମୀ ଠାକୁରାଣୀ
ଆଶ୍ୱିନ ଉଷାର ନିର୍ମଳ ସରସୀର ପଦ୍ମଟିଏ
ସଂସାର ପଦ୍ମଫୁଲ ଉପରେ ଅଭୟ ମୁଦ୍ରାରେ
ନାରୀ ନାରାୟଣୀ ରୂପେ ଉଭା ଲକ୍ଷ୍ମୀ ଠାକୁରାଣୀଟିଏ।

ମା' ମୋର
ମାତ୍ର ବାର ବର୍ଷ ପୂରୁ ନ ପୂରୁଣୁ
ବାପଘର ଏରୁଣ୍ଡି ବନ୍ଧ ଡେଇଁ ଆସିଲୁ
ମୁଣ୍ଡରେ ଲମ୍ୱା ଓଢଣା ଟାଣି
ଶାଶୁ, ଶ୍ୱଶୁର, ସ୍ୱାମୀ, ନଣନ୍ଦ, ଦିଅରଙ୍କ
ସମ୍ପର୍କର ମାନେ କ'ଣ ଯେତେବେଳେ ନଥିବୁ ଜାଣି।

ପଣ୍ଡିତ ବାପାଙ୍କର ଏକମାତ୍ର ଗେହ୍ଲା ଝିଅ
ହେତୁ ହୋଇ ନଥିବ ସଂସାର ବିଷୟରେ
ଜ୍ଞାନ ହୋଇ ନଥିବ
କେମିତି ରନ୍ଧା ହୁଏ ଭାତ, ଡାଲି, ତରକାରୀ
କେମିତି ତିଆରି ହୁଏ ଶାଶୁ ବୁଢୀଙ୍କର

ବାତଜର ପାଇଁ କି ଶ୍ୱାସ ରୋଗ ପାଇଁ ପଥି
କି ପ୍ରକାର ମାନ୍ୟ କରାଯାଏ,
ଦେଢଶୁରଙ୍କୁ, ଦିଅରଙ୍କୁ, ଯା' ନଣନ୍ଦଙ୍କୁ
ଖୁସି କରିବାକୁ ହୁଏ
ପିଉସୀ ଶାଶୁ, ମାଉସୀ ଶାଶୁ, ଖୁଡୀ ଶାଶୁଙ୍କୁ
ଅଳତା ସିନ୍ଦୂର ପିନ୍ଧେଇ
ଗାଁର ବୁଢୀ ବୁଢାଙ୍କୁ, ମାନ୍ୟ ଲୋକଙ୍କୁ
ଚା' ପାନ ଖୁଆଇ,
ବଡେଇ ଦେଇ ନଥିବେ କେହି
କି ଉପାୟରେ ସେବା କରାଯାଏ ସ୍ୱାମୀ ଦେବତାଙ୍କର।

ତଥାପି ସେଇ ଅପରିପକ୍ୱ ବାଳୁତ ବୟସରେ
ଶାଶୁଘରେ ପହଞ୍ଚି ତୁ ସମ୍ଭାଳିଥିଲୁ
ଦିନରାତି କାଶୁଥିବା ଶାଶୁ
ଦଣ୍ଡେ ଘଡିଏ ଉଠ୍‌ବସ୍ କରଉଥିବା ଶ୍ୱଶୁର,
ଦୁଃଖୀ, ବିପତ୍ନୀକ ଦେଢଶୁର
ବେଟାଇମ୍‌ରେ ସୂତିକା ଘରେ ବାଳୁତକୁ ଛାଡି
ଆରପାରି ଚାଲି ଯାଇଥିବା ବଡଯା'ଙ୍କ ସନ୍ତକ ଦୁଇଟି
ଚଗୁଲିଆ, ବଗୁଲିଆ ଦିଅର ଟୋକାର ନଖରାମୀ।

ମା' ମୋର
ତୁ ସତରେ ଥିଲୁ ଲକ୍ଷ୍ମୀ ଠାକୁରାଣୀ
ଗୋରୀ, ଟେରୀ, ବାଙ୍ଗିରୀ, ସୁଲକ୍ଷଣୀ
ଗୋଡରେ ମହଲ, ପାଉଁଜି, ହାତରେ ଖଡ୍ଡୁ, ବଟଫଳ
ନାକରେ ସୁନାର ମାଛିଟିଏ
ନାକ ଦଣ୍ଡିରେ ଓଜନିଆ ନୋଥ
ମୁଣ୍ଡ ଉପରେ ସରୁ ଓଢଣୀ
ଆଖିରେ ସଦା ଛଳଛଳ ସ୍ନେହ
ଆଉ ଛାତି ତଳେ ଅସରନ୍ତି ମମତାର ଝର।

ମା' ମୋର
ଦଇବ ଗଢିଥିଲା ତୋତେ ଏକ ଅଲଗା ଛାଞ୍ଚରେ
ନ ହେଲେ କି ପାରିଥାନ୍ତୁ ବଦଳେଇ ଭାଗ୍ୟର ଉପହାସ
ଥିଲାବାଲା ଘରୁ ଆସିଥିଲୁ
ଭାଗ୍ୟର ଡୋରି ବନ୍ଧାଥିଲା ଯେଉଁ ଘରେ
ସେଠି ଦାଣ୍ଡ ଦୁଆର ଚାଳରେ ମୁଣ୍ଡ ବାଜେ
ବାଡିପଟ ପିଣ୍ଡା ଉପରେ ନଥାଏ ଚାଳ
ଆଉ ଅଗଣାର ପିଠି ଉପରେ ଘାସ ପଟାଳିର ଚାଦର।

କି କିମିଆ କଲୁ କେଜାଣି
ତୋ ହାତର ଲିପା ପୋଛାରେ ହସି ଉଠିଲା
ତୋ ହତଶିରୀ ଶ୍ୱଶୁର ଘରର ଭଙ୍ଗା କୁଟୀର,
ମାଟି କାନ୍ଥ ଲିପି ପୋଛି ଢାଉରେ
ଆଙ୍କିଲୁ ଚୁନାରେ ଜାତି ଜାତିର ଚିତା,
ଧାନ ଛିଞ୍ଚା, ଲକ୍ଷ୍ମୀପାଦ, ପଦୁଁଅ, ଚଢେଇ, କଳସ, ଦୀପ
ସତେକି ବରଦା ଲକ୍ଷ୍ମୀ
ଓହ୍ଲେଇ ଆସି ଛିଡା ହେଲେ
ଶ୍ରୀୟା ଚାଣ୍ଡାଲୁଣୀର ଅଶକତ ଦୁଆରେ
ପାଞ୍ଚ ବରଷରେ ବଦଳିଗଲା
ମୋ ବାପାଙ୍କର ଭାଗ୍ୟ
ତୋ ଶ୍ୱଶୁର ଘରର ବିକୃତ ଚେହେରା।

ଗୁହାଳରେ ପହ୍ନେଇ ଉଠିଲା କାଳିଗାଈ
ଦାଣ୍ଡରେ ଡେଇଁଲା କଅଁଳା ବାଛୁରୀ,
ହଳ ହଳ ଦଶହଳ ବଳଦ ବନ୍ଧା ହେଲେ ଗୁହାଳେ,
କିଆରିରେ ଛନଛନିଆ ଧାନକେଣ୍ଡା
ବାଡିପଟେ ପାହାଡ ସମାନ ଧାନ ବଦାଡି,
ଗୋହିରୀରେ ଖତଗଦା,

ଅଗଣାରେ, ବାଡିରେ, ରୋଷେଇ ଘରେ, ଚାଳିରେ
ଛୋଟବଡ କେତେ ପ୍ରକାର ଚୁଲି, ଉଠାଚୁଲି
ଚୁଲି ଉପରେ ପଲମଭରା ଆଉଟା ଦୁଧ
ଦୁଧ ହାଣ୍ଡିରେ ହଳଦୀ ଗଣ୍ଠି ସର, ଲହୁଣୀ
ଶିକାରେ ହତାହତା, ଦହ ଦହିଆ ବସା ଦହି
ଚିନାମାଟି ବଇମ୍‌ରେ ଭରା ଖାଣ୍ଟି ଗୁଆ ଘିଅ
ଆଃ, କି ମିଠା ବାସ୍ନା ସେ ଦୁଧ, ଦହି, ଘିଅର
କୁତ ଭର୍ତ୍ତି ଗୁଡ, ହାଣ୍ଡିଭର୍ତ୍ତି ଲୁଣ, ଅମାର ଭର୍ତ୍ତି ଧାନ
ବଡ ବଡ ଟିଣ ଭରା ଖଇ, ଉଖୁଡା, ମୁଢି, ଚୁଡା, ହୁଡୁମ
ଡୋଲିରେ, ବସ୍ତାରେ ବନ୍ଧା ସରୁ ଚାଉଳ।

ତୋ ମମତାର ସ୍ପର୍ଶରେ ଜୀଇଁ ଉଠିଲେ ସମସ୍ତେ
ବାଡି ପୋଖରୀରେ ପହଣା, ସେଉଳ, ବାଳିଆ
ପୋଖରୀ ହୁଡାରେ ଭର୍ତ୍ତି ପାଟୁଆ, ବନ୍ତଳ କଦଳୀ ବଣ
ଢିଙ୍କିଶାଳ ପଛବାଡି ଗୋହିରୀରେ ସାରୁବଣ
ପାନିଆ ପତର, ବେଲେଇ, ଭୁରୁଡି ଆଉ କେତେ ରକମ
ବାରମାସୀ ମିଠା, ସୁଆଦିଆ ଆମ୍ବ, ଡାଳିମ୍ବ, ସଫେଟା, ପିଜୁଳି
ଗୁହାଳ ବାଡିରେ ତେଣ୍ଡା ଲଗା ପରିବା କିଆରୀରେ
ଛନ ଛନିଆ ବାଇଗଣ, ବୋଇତାଳୁ, କାକୁଡି
ଖତଗଦା ଉପରେ ଛନଛନିଆ କୋଶଳା କିଆରୀ
ଆଉ ଶାଗ କିଆରୀ ହୁଡାରେ ରଙ୍ଗାରେ ମାଡିଥିବା
ହଳଦୀ ମୁଖୀ ଜହ୍ନି ଫୁଲ, କାକୁଡି ଫୁଲର ଠୋ ଠା ହସ
ଆଉ ରଙ୍ଗ, ବିରଙ୍ଗୀ କଙ୍କି, ପ୍ରଜାପତିଙ୍କ ଆସର।

ତୋ ଶ୍ରମର ଝାଳରେ ପୂରିଗଲା
ତେନ୍ତୁଳି ଗଛରେ ଭର୍ତ୍ତି ମିଠା ପାଚିଲା କଇଁଆ
ବଡ ବଡ ହାଣ୍ଡି ମାଠିଆରେ ଆମ୍ବୁଲ, ଜୁଆ ତେନ୍ତୁଳି,
ଆମ୍ବ ଆଚାର, ଲେମ୍ବୁ ଆଚାର, ଆମ୍ବ ସଢା
ଟିଣରେ ଖସା ବଡି, ଫୁଲ ବଡି, ଚୁନି ବଡି

କେଉଁଥିରେ ନାହିଁ ଅଭାବ,
କେଉଁଠି ନାହିଁ ଅସ୍ୱଚ୍ଛତା, ଅସୂଚି, ଅସୂୟାର ଗନ୍ଧ।
ସତେକି ତୁ ତୋ ଝାଳ, ଲୁହ, ଲହୁ ବୁହାଇ
ତୁଷ୍ଟ କରିଥିଲୁ ଭୂଲକ୍ଷ୍ମୀ, ଗୋଲକ୍ଷ୍ମୀ, ବିଭବ ଲକ୍ଷ୍ମୀଙ୍କୁ
ମା' ସମର୍ପି ଦେଇଥିଲେ
ତୋ କୋଳରେ ଚାରିପୁଅ, ଚାରିଝିଅ,
ସଭିଏଁ ବଢିଥିଲେ ତୋ ମମତାର ଚାନ୍ଦୁଆ ତଳେ ନିରାପଦରେ
ସଭିଏଁ ଗଢିଥିଲେ ସୁନେଲି ଭବିଷ୍ୟତ, ସୁନାର ସଂସାର
ତୋ ସରି କିଏ ହେବ ଏ ସଂସାରେ
ମା' ମୋର, ଲକ୍ଷ୍ମୀ ଠାକୁରାଣୀ,
ମୁଁ ତୋର ବାୟାଣୀ ଝିଅ,
ତୋ ପାଦରେ କରେ କୋଟି ନମସ୍କାର।

■

ମୁଁ ଓ ମୋର ମା'

"ମୁଁ" ଏକ ଅହଂ ଭିଜା ଶବ୍ଦ
ମାତ୍ର 'ମା' ଏକ ନିରହଙ୍କାରୀ ଶବ୍ଦମାଳାର ସୌଧ।
"ମୁଁ" ଏକ ଆତ୍ମଶ୍ଳାଘାଭରା ପଦ
ମାତ୍ର 'ମା' ଏକ ଆତ୍ମତ୍ୟାଗର ମହମ୍ନ କାବ୍ୟ।
"ମୁଁ" ବିଦ୍ୟାଭୂଷଣଧାରୀ ଅଭିମାନୀ ଅଜ୍ଞାନୀ
ମାତ୍ର 'ମା' ନିରକ୍ଷରା, ଆତ୍ମଜ୍ଞାନ ସମ୍ବଳିତା ଗୀତାର ପୂଣ୍ୟ ଶ୍ଳୋକ।
ମୁଁ ଜ୍ଞାନୀ, ମାନୀ, ଧନୀ, ମୁକୁଟମଣ୍ଡିତା ମନ୍ଦୋଦରୀ
ମା' ନିର୍ଦ୍ଧନୀ, ନିରଳସ, ନିଷ୍କପଟ ଜାନକୀ।
'ମୁଁ' ଈର୍ଷା, ଦ୍ୱେଷ, କପଟରେ କଣ୍ଟକିତ ଗୁଳ୍ମଟିଏ
ମାତ୍ର 'ମା' ସରଳା, ସର୍ବଂସହା ଦୁବ ଘାସର ଗାଲିଚାଟିଏ।
"ମୁଁ" ଗୋଟେ ସୁସଜ୍ଜିତ ଉପବନର ରୂପଗର୍ବିଣୀ ଗୋଲାପ
ମାତ୍ର ମା' ଗୋଟେ ଅସଜଡା ସଂସାର ବନରେ ସୁଗନ୍ଧିତା ମଧୁମାଳତୀ କୁଞ୍ଜ।
"ମୁଁ" ସୁରକ୍ଷିତ ଦୁର୍ଗର ବନ୍ଦିନୀ ରାଜକୁମାରୀ
ମାତ୍ର ମା' ସଂସାର ରଣକ୍ଷେତ୍ରରେ ବୀରାଙ୍ଗନା ଯୋଦ୍ଧା।
"ମୁଁ" ଯେତେ ଇଚ୍ଛାକଲେ ବି, ଚେଷ୍ଟା କଲେ ବି
ହୋଇ ପାରେନି ମୋ ମା' ପରି ସର୍ବଂସହା ବସୁଧା
ବୁଝି ପାରେନି ମୋ ମା'ର ସ୍ୱର୍ଗାଦପୀ ମହିମା।
ତେଣୁ ତା'ରି ପାଦ ତଳେ ଢାଳେ ମୋ ପ୍ରଣତି
ତା'ରି ଆଶିଷ ବଳେ ବିକଶିତ ହେଉ ମୋର ପ୍ରାଣଶକ୍ତି।

■

ମା'କୁ କଳିବ କିଏ ?

ମା' ଟିଏ ତ କଳ୍ପବୃକ୍ଷ ପରି ଅକଳ୍ପନୀୟ
ତାକୁ ବା କଳିବ କିଏ ?

ଆକାଶ ଯେତେ ମେଘାଚ୍ଛନ୍ନ ହେଲେ ବି
ଯେମିତି ଖସି ଆସେ ଜହ୍ନ ତା କବଳରୁ
ବିଛେଇ ଦେବାକୁ ମଖମଲି ଜୋଛନାର ଚାଦରଟିଏ
ମା' ଟିର ମନ ଆକାଶରେ ଯେତେ ଦୁଃଖର ବାଦଲ
ଗୋଡାଗୋଡି, ଧାଆଁ ଧପଡ କରୁଥିଲେ ବି
ମା'ର ହୃଦୟରୁ ବୋହି ଆସୁଥାଏ
ମଖମଲି ମମତାର ମଧୁର ଧାରଟିଏ,
ସୁଧା କି ଅମୃତ, ସବୁ ତୁଚ୍ଛ ସେଇ ଧାରଟି ପାଖରେ ।

ମା' ଟିଏ ତ ତୀର୍ଥସ୍ଥାନ ପରି ପବିତ୍ର
ତାକୁ ବା ମାପିବ କିଏ ?
ତୀର୍ଥଭୂମିରେ ଯେତେ ଛେପ ଖଙ୍କାର ପଡିଲେ ବି
ଶୋଷିନିଏ ମାଟି ତାକୁ ଫେରେଇ ଦେଇ ଦୁବଘାସଟିଏ
ଯାହାର କଅଁଳ ସବୁଜ ପତର ଲେସି ହୋଇ ଯାଏ ପାଦରେ
ମେଣ୍ଟେଇବାକୁ ପଥଶ୍ରମର କ୍ଳାନ୍ତି
ମା' ଟିର ପୂତ ଆତ୍ମାରେ ସବୁ ଅଣଦେଖାର ଦୁଃଖ
ପାଲଟି ଯାଏ ଛୋଟ ଦିକି ଦିକି ଜଳୁଥିବା ଦୀପଟିଏ

ହଲି ହଲି ମିଶିଯାଏ ମନ୍ଦାକିନୀର ଅନ୍ଧାରି ପଟଳରେ
ଯେତେ ଆଲୋକର ସ୍ତମ୍ଭ ତୁଚ୍ଛ ମା'ର ସେଇ ଦୀପଶିଖା ଆଗରେ।

ମା'ଟିଏ ତ ଦରିଆ ପରି ବିସ୍ତୃତ, ଗଭୀର
ତାକୁ ବା ପାରିହେବାର ସାହସ କରିବ କିଏ ?

ସାଗର ବୁକୁରେ ଯେତେ ଢେଉ ଉଠିଲେ ବି
ନିସ୍ତରଙ୍ଗ ତା'ର ଅନ୍ତରାତ୍ମା,
ଯେତେ ଛେଚି କଚାଡି ହେଲେ ବି,
କରେଣ୍ଟ ମାରିଲେ ବି
ଫେରେଇ ଦିଏ ଯେତେ ଆବର୍ଜନା
ଫିଙ୍ଗୁ ଆମେ ତା ଭିତରକୁ
ମା'ଟି ବି ନିର୍ଲିପ୍ତ ହୋଇପାରେ ସାଗର ପରି
ସୁଖଦୁଃଖ, ଅଭାବ-ଆନାଟନର
ଢେଉର ମାଡ ଯେତେ ପଡିଲେ ବି
ତା'ର ଅନ୍ତରାତ୍ମାରେ ସଦା ପ୍ରସନ୍ନ
ଆଶୀର୍ବାଦର ଭାବଟିଏ ଖେଳୁଥାଏ
ଯାହା ଆଗରେ ତୁଚ୍ଛ ମନେହୁଏ
ଈଶ୍ୱରଙ୍କ କୂଟ, କପଟ, ଲୀଳାଖେଳା।

■

ମା' ବିଶ୍ୱାସର ନିଶ୍ୱାସଟିଏ

ମା' ବିଶ୍ୱାସର ନିଶ୍ୱାସଟିଏ
ଅଥଳ ସାଗରରେ ଭାସୁଥିବା
ଟଳମଳ ଜୀବନ ନାବର କାତନିପୁଣ ନାଉରୀଟିଏ।

ମା', ମମତାର ଝରଝର ଝରଣାଟିଏ
ପରିବାର ରୂପୀ ଉଚ୍ଚା ପାହାଡର ପଥୁରିଆ ଛାତିରେ
କଳ କଳ ଛଳଛଳ ବୋହି
ସମଗ୍ର ଉପତ୍ୟକାକୁ ଶ୍ୟାମଳ କୋମଳ କରୁଥିବା ଜଳପୁଟଟିଏ।

ମା', ସଂସାର ବରଗଛର ନମ୍ର ଓହଳଟିଏ
ଆଶ୍ରା ଭରସାର ଶାଖା ପ୍ରଶାଖା ମେଲାଇ
ବାନ୍ଧି ରଖିଥାଏ ଗୁଣ୍ଡୁଚି ମୂଷାଠୁଁ ବଣି ଚଢେଇ, ସଭିଙ୍କୁ।

ମା', ଅଭୀପ୍ସାର ଲମ୍ବା ରାସ୍ତାଟିଏ
ସନ୍ତାନଙ୍କ ମଙ୍ଗଳମନାସି ଗେଟି ପଥର ଗୋଟେଇ ନେଇ
ଆଶ୍ୱାସନାର ମଲ୍ଲିଫୁଲ ବିଛେଇ ଦେଉଥିବା ପଣତ କାନିଟିଏ।

ମା', ସ୍ୱପ୍ନ ରାଇଜର କଳ୍ପବଟଟିଏ
ମଥାନର ଲାଉଡଙ୍କ ପରି ନହ ନହକା
ପୁଣି ତାଳଗଛର ଚଉଡା ପତ୍ର ପରି ବିସ୍ତାରିତ
ହେଲେ ଅଗଣାର ତୁଳସୀ ପରି ପୂତ, ସୁବାସିତ ଗୁଳ୍ମଟିଏ।

ମା', ଏବେ ସ୍ତିମିତ, କରୁଣ, ସଞ୍ଜବତୀଟିଏ
ଥିଲା ଦିନେ ସେ ଆଶ୍ୱାସର ପାହାନ୍ତି ପହର
ଆଶାର ସୁନେଲି ସକାଳ, ଶ୍ରମର ସୁବର୍ଣ୍ଣ ମଧ୍ୟାହ୍ନ
ଖୁବ୍ ଧୀରେ, ନରମରେ, ଦୁଇ ହାତ ପାପୁଲିରେ
ଢାଙ୍କି ରଖ ତାକୁ
ହୁଏତ ଲିଭି ଯାଇପାରେ
ଦକ୍ଷିଣା ମଳୟ କି ଉତ୍ତରା ଝାଞ୍ଜିରେ ।

■

ମା' ବସୁମତୀ

ମା' ସେ ବସୁମତୀ
ଯିଏ ସଜାଡି ରଖେ ଆମ ପାଇଁ
ଶରଧାର ଶ୍ୟାମଳ ବନସ୍ପତି ।

ନଅମାସ ଦଶଦିନ ଗର୍ଭରେ ଧରଇ ସିଏ
ବୀଜଟିଏ ବଢି ଅଙ୍କୁରୋଦ୍‌ଗମ ହେବା ପର୍ଯ୍ୟନ୍ତ,
ସ୍ତନ ପିଏଇ ରସ ଭରଇ ସିଏ ତନୁରେ
ଅନ୍ନ ଖୁଏଇ ଶକ୍ତି ଭରଇ ସେ କୋଷରେ
କୋଳରେ ବସେଇ, ବୋକ ଦେଇ, ଗେଲ କରି
ଜହ୍ନକୁ ଡାକି ଅଜାଡି ଦିଏ ସ୍ୱପ୍ନ ସେ ମନ ଅଗଣାରେ
ଅଙ୍ଗୁଳି ଧରି ଶିଖାଏ ଚାଲୁ ଚାଲୁ ଖସି ନପଡିବାର କୌଶଳ
'ଦୁଃଖୀରତନ', 'ଜୀବଜୀବନ' 'ରଙ୍କୁଣୀଧନ'
କହି ମମତାର ସୁଧାରେ ଲାବଣ୍ୟବତୀ କରେ କାଳିକୋତରୀକୁ ।

ମା' ସେ ବସୁମତୀ
ସହି ସହି ସେ ସର୍ବଂସହା
ଯେତେ ଗୋଇଠା ମାରିଲେ ପେଟକୁ, ପିଠିକୁ
ଯେତେ ହାଣିଲେ, ଖୋଳିଲେ ତା ମଗ୍ନମାଟିକୁ
ସେ ହାରେନା, ଭୁଷୁଡି ପଡେନା, ଅଭିଶାପ ଦିଏନା
ଯେତେ ଗଭୀରକୁ ଖୋଳିଲେ ବି

ସେ ଢାଳିଦିଏ ଜଳଧାରା, ଶୀତଳ ସ୍ନେହର ଫୁଆରା ।

ସେ ବସୁମତୀ
ମାନ ଅଭିମାନ ଜାଣେନା ସେ ମଉନାବତୀ
ନିଆଁରେ ଦହିଲେ କି କୂଅରେ ଫିଙ୍ଗିଲେ ବି
ସେ କରେନି ଅଭିଯୋଗ
ତା'ର ଭରସା ଈଶ୍ୱର, କରୁଣାମୟ, ଦୟାର ସାଗର ।

ପୁଅ ଝିଅଙ୍କ ସୁଖ ସମୃଦ୍ଧି ପାଇଁ
ଆଦରି ନିଏ ସେ ସକଳ ଅପମାନ,
ଭଙ୍ଗା କାନ୍ଥ, ଚାଳ ଛପର, ଅବୁଝା ପତିର ଅଝଟ
ନୀରବ ରହି ପଣତ ପାତିଥାଏ ପରିବାର ପାଇଁ
ତୁଣ୍ଡରେ ତୁଣ୍ଡୀ ବାନ୍ଧି ତୁଳସୀ ପୂଜେ ଜଳନ୍ଧର ପାଇଁ
ସେ ବସୁମତୀ ପିଲାଙ୍କ ସାହା, ଭରସା,
ପତିଙ୍କ ପ୍ରେମନଗରୀର ବାସନ୍ତୀକା ସେ ହୃଦୟବତୀ ।

■

ନୁହେଁ ସେ ଦେବୀ କି ଦାନବୀ

ନୁହେଁ ସେ ଦେବୀ କି ଦାନବୀ
ନୁହେଁ ସେ ଦାରୀ କି ଈଶ୍ୱରୀ
ସେ ଯେ ସରଳ ସୁନ୍ଦର ଦେହଧାରୀ ନାରୀଟିଏ
ମା' ସେ, ସର୍ବଂସହା ଧରିତ୍ରୀର ରୂପ
ମହିମାମୟୀ, ତ୍ୟାଗପୂତା ସୃଜନ କାରିଣୀ ଜନନୀ।
କେତେ କାଇଦା କଟକଣାର ବନ୍ଧନୀ ଭିତରେ
କେତେ ବ୍ୟଙ୍ଗ, ବିଦ୍ରୂପ, ଶାସନର ନିଆଁଝୁଲ ଉପରେ
ଅବିରତ ଚାଲୁଥାଏ ସେ
ନିଘା ନଥାଏ କେବେ ଧନର ଅଭାବ
ତ କେବେ ମନର ଅଭାବକୁ
ସମୟ ନଥାଏ
ଶାଢୀ, ଗହଣା, ରୂପଚର୍ଯ୍ୟା କି ବିଳାସ ପାଇଁ ମନ କରିବାକୁ
ବଞ୍ଚିବାର ବାଟ ଖୋଜି ନେଇଥାଏ ସେ
ନୀରବତା ଓ ସଂକୋଚନକୁ ତନୁମନରେ ଆବୋରି।

ଶବ୍ଦ ସଞ୍ଚୟ, ଭାବ ସଞ୍ଚୟକୁ
ନିଜ ପଥର କୁସୁମ କରି ସଜେଇ
ଅନ୍ୟର ରୁଚି, ଇଚ୍ଛା ଓ ଆବଶ୍ୟକତାର ରଙ୍ଗକୁ
ନିଜ ଉପରେ ମଖେଇ, ନିଜର ରଙ୍ଗ
ନିଜର ଇଚ୍ଛା, ଅଭୀପ୍ସା ଭୁଲିଯାଇଥାଏ ସେ

ସନ୍ତାନର ସୁଖ ସମୃଦ୍ଧି ପାଇଁ ସଦାନତ ମଥାଟିଏ
ନଥାଉ ପଛେ ସେ ମଥାରେ ମଣି
କପାଳର ସିନ୍ଦୁର ଧାରଟିରେ ତା'ର ସକଳ ଗୌରବ।

■

ମହକୁ ଥା' ମୋ ବିଭୋର ପ୍ରାଣରେ

ମା'କୁ ଡାକିଲି ବଡ ପାଟିରେ
ଶୂନ୍ୟତାର ପାହାଡରେ ଧକ୍କା ଖାଇ
ଫେରି ଆସିଲା ମୋ ଡାକ
ଛାତି ଭିତରେ ରୁନ୍ଧି ହୋଇଗଲା ନିସଙ୍ଗତା।
ମାତ୍ର ମା' ତୋ ମୂର୍ତ୍ତି
ଝଲସୁଥିଲା ଆଖିରେ
ମମତାର ରଙ୍ଗ ହୋଇ,
ତ୍ୟାଗ, ତିତିକ୍ଷାର ରାଗ ହୋଇ
ଛାତିର ଟାଙ୍ଗରା ଭୂମିରେ ଫୁଟଉଥିଲା ଫୁଲ।

କୋଉଠି ଛପି ରହିଛୁ
ହୃଦୟ କୋଣରେ କେଜାଣି
ନିଶ୍ୱାସ ପରି ବୋହୁଛୁ ନାସିକାରେ
ଲୁହ ପରି ଝରି ଯାଉଛୁ ନୀରବ କାରୁଣ୍ୟରେ
ଦେଖିପାରୁଛୁ କି ନା ଜାଣେନା
ମୋର ଏ ଶିରପା ମୁଣ୍ଡେଇ
ଚାଲୁଥିବା ବସ୍ତୁବାଦୀ ଦେହକୁ।

ଶବ୍ଦର ଶିକୁଳିରେ ବାନ୍ଧି
ପାରେନା ମୁଁ ତୋତେ
ମା', ଆବେଗର ନୀରବ ସମୁଦ୍ରରେ ଭାସୁଥାଉ ତୁ

ଗୋଟେ ମାଟି କୁଟୀରର ଆକର୍ଷଣ ହୋଇ
ପଛରେ ଛାଡି ଆସିଥିବା ସମ୍ପର୍କର ଦସ୍ତାବିଜ୍ ହୋଇ
ତୁ କି ବୁଝି ପାରୁ ମୋର ଏ କବିତ୍ୱର ହୁଙ୍କାରକୁ ?

ସେଇଠି ଥା' ମା'
ତାରା ହୋଇ କି ଜହ୍ନ ହୋଇ
ଦେବୀଟିଏ ହୋଇ ବସିଥା' ହୃଦୟ ମନ୍ଦିରେ
ନ ଶୁଣୁ ପଛେ ମୋ ଡାକ, ଗୁହାରୀ
ନ ଦେଖ ପଛେ ମୋ ସମ୍ପତ୍ତି, ପ୍ରତିପତ୍ତି
ଚନ୍ଦନର ସୁବାସ ପରି ମହକୁ ଥା' ମୋ ବିଭୋର ପ୍ରାଣରେ ।

■

ମା’ ବିନା ନାହିଁ ଅସ୍ତିତ୍ୱ

ମା’ ବିନା ନାହିଁ ଏ ସଂସାରର ଅସ୍ତିତ୍ୱ
ମା’ ବିନା ଶୂନ୍ୟତାର ଅନ୍ଧାର ଏ ଜଗତ ।

ମା’ଠୁ ଆରମ୍ଭ ଜୀବନର ଏନ୍ତୁଡିଶାଳର କାନ୍ଦଣା
ମା’ କୋଳରେ ମିଳିଥାଏ ନାନାବାୟା ଗୀତର ଗାଉଣା
ମା’ ବକ୍ଷରୁ ଝରିଥାଏ ଜୀବନ ଜୀଇଁବାର ଅମୃତ
ମା’ ହୃଦରୁ ବୋହିଆସେ ବାତ୍ସଲ୍ୟର ପୁଲକିତ ଗୀତ
ମା’ ସକାଳ ସୂର୍ଯ୍ୟର ଉଷ୍ମ କିରଣ
ମା’ ଦିବାନିଶି ଢାଳେ ସ୍ନେହର ଝରଣା ।

ମା’ କରୁଣାମୟୀ
ଦୟା କ୍ଷମାର ଜୀବନ୍ତ ମୂରତି
ମା’ ସନ୍ତାନ ମଥାରେ
ଆଶିଷର, ସୁରକ୍ଷାର ଛତି
ମା’ ଶିଖାଏ ପ୍ରଥମ ଶବ୍ଦର ଓଁକାର
ମା’ ଲେଖାଏ ସ୍ଲେଟ୍ ଉପରେ ପ୍ରଥମ ଅକ୍ଷର
ମା’ ଶ୍ରଦ୍ଧାର କଳକଳ ଛଳଛଳ ଧାରା
ମା’ ବିନା ସକଳ ସଂସାର ସ୍ୱପ୍ନହୀନ କାରା ।

ମା’ର ଡାକରେ ଝରିପଡେ ମମତାର ନିର୍ଝର
ମା’ର ଆଶୀଷରେ ଭରିଯାଏ ସନ୍ତାନ ଅନ୍ତର

ମା’ ସହିପାରେ ଶେଷହୀନ ଯାତନାର କଷଣ
ମା’ ତେଜିପାରେ ବିଳାସର ସକଳ ଭୂଷଣ
ମା’ କୁ ବୁଝିବାକୁ ଶକ୍ତି ନାହିଁ କାହାର
ମା’ ଯେ ତ୍ୟାଗ, ତିତିକ୍ଷାର ଅନ୍ତହୀନ ସାଗର ।

ମା’ କୁ କିଏ ଭାବେ ଅଲୋଡା ଜୀବଟିଏ
ପିତା, ପୁତ୍ର, କନ୍ୟାଙ୍କ ଦୟାରେ ଜୀଉଁଥାଏ ଯିଏ
ମା’ ଖଟୁଥାଏ ଅଖିଆ, ଅନିଦ୍ରା, ସେବାରେ ବିଭୋର
ମା’ର ପେଟ ପିଠିର ଦରଜ ବୁଝିବାକୁ ନଥାଏ ବେଳ କାହାର
ତଥାପି ମା’ ଲିଭାଏ କ୍ଷୁଧା, ତୃଷ୍ଣା, ହତାଶାର ଅନଳ
ମା’ର ସେବାରେ ଉଜ୍ଜ୍ୱଳି ଉଠେ ଇହକାଳ, ପରକାଳ ।
ମା’ ତୁ ଏ ସୃଷ୍ଟିର ଶାଶ୍ୱତ ଅମୃତ ଫଳ
ଯେତେ ଦୂରେ ଥିଲେ ବି ତୁ ତୋ ଆଶିଷ
ରହିଛି, ରହିଥିବ ମୋ ସହ ଚିରକାଳ ।

■

ଚେତନାରେ ଥାଏ ମା'

ଚିତ୍ତରେ ନୁହେଁ ଚେତନାରେ ଥାଏ ମା'
ତୁଣ୍ଡର ଶବ୍ଦଟିଏ ନୁହେଁ,
ବିଶ୍ୱ ବ୍ରହ୍ମାଣ୍ଡର କୋଣେ ଅନୁକୋଣେ
ପ୍ରତିଧ୍ୱନିତ ପ୍ରଣବଟିଏ ମା'।
ପାଟି ଖୋଲିଲେ ପିଲାଟି ଡାକେ ମା'
ଝୁଣ୍ଟି ପଡିଲେ ବୁଢାଟି ବି ଡାକେ ମା'
ଭୋକ ଲାଗିଲେ ଆତୁର ଡାକେ ମା'
ନିଦ ଲାଗିଲେ ବାଳୁତ ଖୋଜେ ମା'।
ମା' ନଥାଏ କାହା କଡିରେ କି ଛାତିରେ
ମା' ଥାଏ ଚେତନାର ସ୍ଥିତିରେ, ଭୀତିରେ
ଆତ୍ମାର ଭୂଲୋକରେ, ଦ୍ୱିଲୋକରେ
ମୋ ଚେତନାକୁ ଆଲୋକିତ କରି
ଦୀପଶିଖାଟିଏ ହୋଇ ଆଗରେ ଚାଲୁଥାଏ ମା'

ଶରୀରର କ୍ଷୁଧା ମେଣ୍ଟାଇଥାଏ ମା'
ମନର ପ୍ରଶ୍ନ, ଭ୍ରମ, ବ୍ୟଥା ହଟାଇ ଥାଏ ମା'
ପ୍ରାଣରେ ପ୍ରାର୍ଥନାର ପୁଲକ ଜଗାଇଥାଏ ମା'
ଜୀବନରେ ଆଶୀଷର ଗଙ୍ଗା ବୁହାଇଥାଏ ମା'।
ମା' ନଥାଏ ସନ୍ତାନର ସମ୍ପତ୍ତି ଭୋଗ କରିବା ପାଇଁ
ମା' ଥାଏ ସନ୍ତାନର ବିପତ୍ତି ଦୂର କରିବା ପାଇଁ

ମା' ନିଜକୁ ଛେଳି ପରି ବଳି ଦିଏ ସନ୍ତାନର ସୁଖ ପାଇଁ
ମା' ମୁଣ୍ଡ କୋଡୁଥାଏ ସବୁ ଦିଅଁଙ୍କ ପାଖରେ ସନ୍ତାନର ଉନ୍ନତି ପାଇଁ।
ଓଠର ହସରେ, ହସର ଲହରୀରେ ଥାଏ ମା'
ଆଖିର ଲୁହରେ, ଲୁହର ଧାରାରେ ଥାଏ ମା'
ଆମ ସୁଖରେ, ଦୁଃଖରେ ଅଦୃଶ୍ୟ ହୋଇ ଥାଏ ମା'
ଆମ ସମ୍ପଦ ବିପଦରେ ଦେବୀଟିଏ ହୋଇ ଜଗିଥାଏ ମା',
ମା' ର ପଣତ କାନି ତଳେ ଛପିଯାଏ ସବୁ ନାଲି ଆଖିର ଭୟ
ମା'ର ଆଶୀଷ ମୁଦ୍ରାରେ ଲୁଚିଥାଏ ସୂତ୍ର ପାଇବାର ସବୁଠି ବିଜୟ।

■

ମା' ମୋର ଧ୍ରୁବତାରା

ମା' ମୋର ଧ୍ରୁବତାରା ପରି
ଦିଗବାରେଣୀ ହୋଇ ଚମକୁ ଥାଏ ମୋ ଆତ୍ମାର ଆକାଶରେ
ବତେଇ ଦେବାକୁ ଠିକ୍ ରାସ୍ତାରେ ଯିବାର ମନ୍ତ୍ର
ଫେରେଇ ନେବାକୁ ପଶ୍ଚିମାଭିମୁଖୀ ଅବୁଝା ମନ
ନ ଝୁଣ୍ଟିବାକୁ ପାପ-ପାପୀ-ପଥର-କଣ୍ଟାଝଟା
ନ ଶୁଣିବାକୁ ନିନ୍ଦା-ଅପବାଦ, ଉଲୁଗୁଣା କି ଗାଳି
ହେଲେ ସପ୍ତର୍ଷିମଣ୍ଡଳକୁ ଦରାଣ୍ଡୁଥିବା ମୋ ଆଖି
କେମିତି ଖୋଜି ପାଇବ ସେ ଉତ୍ତର ମେରୁର ଜ୍ୟୋତି ?
ନୀଳକଣ୍ଠ ସାଜି ସମୁଦ୍ରେ ବିଷ ପିଇ
ଯିଏ ବଞ୍ଚିଥିଲା ତା'ର ସନ୍ତାନମାନଙ୍କ ମଙ୍ଗଳ ପାଇଁ
ସ୍ରୋତର ପ୍ରତିକୂଳରେ ପହଁରି ପହଁରି
ଯିଏ ନାଆ ବାନ୍ଧି ଦେଇଥିଲା ସନ୍ତାନ ସନ୍ତତିଙ୍କ
ଜୀବନ ନଦୀରେ ଦୁଃଖର ଲହଡି ଭାଙ୍ଗିବା ପାଇଁ
ସିଏ ହଜିଗଲା ନକ୍ଷତ୍ରମାଳାରେ ଅଦିନରେ
ହେଲେ ଝଟକୁଛି ମନ ଗଗନରେ ଧ୍ରୁବତାରା ହୋଇ ।

ଦୁଆର ପାଖରେ ଛିଡା ହୋଇ ରାସ୍ତା ଦେଖୁଥିଲା ଯିଏ
ପିଲାମାନଙ୍କ ଫେରିବା ବେଳର
ଗୋଟିକ ପରେ ଗୋଟିଏ ସନ୍ତାନକୁ ମୂର୍ଚ୍ଛିଦେଲା
ଜୀବନ ସଂଗ୍ରାମରେ ଲଢିବାକୁ ଯୋଦ୍ଧା ସାଜି

'ହାତୀ ବନସ୍ତରେ ଥିଲେ ବି ରାଜାର', ଏଇ ନୀତିରେ
ଫୁଲି ଉଠୁଥିଲା ଗର୍ବ ଗୌରବରେ ତା'ର ଛାତି
ଯେବେ ଖବର ପହଞ୍ଚୁଥିଲା କାହାର ବିଜୟର,
କାହାର ସିଂହାସନ ଆରୋହଣର କି କାହାର ପଗଡି ପିନ୍ଧିବାର
ଦୂରରେ ରହି ଜପୁଥିଲା ଗୋଟିଏ ମନ୍ତ୍ର
"କୋଟି ପରମାୟୁ ଦିଅ ପ୍ରଭୁ, ଘଣ୍ଟ ଘୋଡେଇ ରଖ।"

ଧ୍ରୁବତାରା ସାଜି ଏବେବି ଚମକୁଛି
ମା' ମୋର ମନ ଗଗନରେ
ସେଇ କ୍ଷୀଣ ଶରୀରା, ଦୃଢମନା, ଶକ୍ତିମୟୀ ନାରୀଟି
ଯିଏ ସୁଖ ନ ଖୋଜି ବଞ୍ଚିଥିଲା ଲୁହ ପିଇ
ଅଥଚ ଝରି ଯାଉଥିଲା ଛଳ ଛଳ ମମତାର ଝରଟିଏ ହୋଇ
ଆମ ଜୀବନ ମରୁର ଶୁଷ୍କ ବାଲିସ୍ତୁପ ଉପରେ।

■

ମାତା ସେ ଗୃହିଣୀ

ମାତା ଯେ ଅଟଇ ଗୃହାଙ୍ଗନ ପ୍ରାଣ
ଗୃହସେବାରେ ସେ ରତା
ଗୃହର ସଂସ୍କାର, ଗୃହର ସମ୍ମାନ
ମାତା କାମେ ପରିଚିତା ।
ପିତାଙ୍କର ସହଧର୍ମିଣୀ ହୋଇ ସେ
ପାଶେ ସଦା ଥାଏ ରହି
ସୁଖ ଦୁଃଖ ବାଣ୍ଟି ବିପଦେ ଆପଦେ
ସୁରକ୍ଷା, ସାନ୍ତ୍ୱନା ହୋଇ ।
ହୋଇପାରେ କାନ୍ତ-ସୁହାଗିନୀ ଅବା
କାନ୍ତହୀନା ଅଲକ୍ଷଣୀ
ମାତା ରୂପେ ସେ ତ ମମତା ମୂରତି
ସଦା ଜ୍ଞାନ ପ୍ରଦାୟିନୀ ।
ଅଇରୀ ବିହୀନ ନାରୀଟିଏ ଯେଣୁ
କାନ୍ତ କମନୀୟା ପ୍ରିୟା
ସନ୍ତାନ ସନ୍ତତି ତା'ର ପ୍ରାଣ ଶକ୍ତି
ତ୍ୟାଗ ଗୁଣେ ନମନୀୟା ।
ଥାଏ ଦିନେ ସେତ କୁଳର ଗାରିମା
ପିତ୍ରାଳୟେ ଗେହ୍ଲି କନ୍ୟା

ପରିଣୟ ପରେ ସ୍ୱାମୀଙ୍କ ସଂସାରେ
ଗୃହିଣୀ ରୂପେ ସେ ଧନ୍ୟା ।

ପତି, ପୁତ୍ର ତଥା ଶାଶୁ ଶ୍ୱଶୁରଙ୍କ
ସେବା କର୍ମେ ଦେଇ ମତି
ଭୁଲି ଯାଇ ନିଜ ସୁଖ, ଦୁଃଖ, କ୍ଳେଶ
ଧୈର୍ଯ୍ୟ ବଳେ ସେ ଧରିତ୍ରୀ।
ରାନ୍ଧିବା, ବାଢ଼ିବା, ଗୃହ ସଜାଡ଼ିବା
କର୍ମେ ଥାଏ ସଦା ବ୍ୟସ୍ତ
ସାରା ପରିବାର ସୁଖ ଗୁରୁଭାର
ତା ସୂକ୍ଷ୍ମ କାନ୍ଧରେ ନ୍ୟସ୍ତ।
ନଥାଉ ପଛକେ ବିଦ୍ୟାଳୟ ଶିକ୍ଷା
ସନ୍ତାନଙ୍କ ଶିକ୍ଷୟିତ୍ରୀ
ସଂସ୍କାରର ଦୀକ୍ଷା ଦେଇ ସନ୍ତାନଙ୍କୁ
କରେ ସତ୍ ପଥର ଯାତ୍ରୀ।
ପାଇନାହିଁ ଯିଏ ମାତାଙ୍କର ସ୍ନେହ
ତାଠାରୁ ଅଭାଗା କାହିଁ
ମା' ପଦରେ ଯେତେ ପ୍ରଣତି ଢାଳିଲେ
ଋଣ ତା'ର ସୁଝେ ନାହିଁ।

■

ମା' ଚାଲିଗଲା ପରେ

ମା' ଚାଲିଗଲା ପରେ ଏ ସଂସାର ପ୍ରାନ୍ତରୁ
ମନେପଡେ ତା'ର 'ଆହା' ପଦଟି
ଆଉ ନରମ ହାତର ଆଉଁସା
କେତେବେଳେ ଝୁଣ୍ଟି ପଡିଲେ
କି କାହାର ଖେଣ୍ଟାଳିଆ କଥାରେ ଖଣ୍ଡିଆ ହେଲେ
କି କାହାର ପ୍ରତାରଣାରେ ଆଖିରୁ ଲୁହ ଝରିଲେ
ଶୁଭିଯାଏ ତା'ର ମମତା ବୋଳା ମଧୁର ସାନ୍ତ୍ୱନାର ପଦ।
ମା' ଚାଲିଗଲା ପରେ
ମନେପଡେ ତା'ର
ମଳିଛିଆ ପଣତକାନି
ଯେଉଁଥିରେ ସେ ପୋଛି ଦେଉଥିଲା
ଆମ କପାଳର ସ୍ୱେଦ
ଆମ ମନର ଖେଦ
ଧୂଳି ଧୂସରିତ ହାତ ଗୋଡ଼ରୁ ଦାଣ୍ଡ ଧୂଳି
ନ ଦେଇ ଗାଳି
ମନେପଡେ ତା'ର ସ୍ନେହବୋଳା ହାତରେ
ଗରମ ସୋରିଷ ତେଲରେ ଫୁଟା ରସୁଣର ମସୃଣ ଘଷା
ଯାହା ଭଲ କରିଦେଉଥିଲା
ସବୁ ଜର, କାଶ, ଅଣ୍ଟାର ବ୍ୟଥା, ଯନ୍ତ୍ରଣା।

ଆମେ ସବୁ ଯେଉଁମାନେ
ଶୋଉଥିଲୁ ତା କୋଳରେ
ଥକ୍କା ମାରୁଥିଲୁ ତା ହାତ ତିଆରି
ଚଟେଇ, ସପ, ବିଛଣା ଉପରେ
ଭୁଲିଗଲୁ କେମିତି ସିଝୁଥିଲା
ତା'ର ଦେହ, ମନ, ପ୍ରାଣ
ଏକାନ୍ନବର୍ତ୍ତୀ ଏକ ବିଶାଳ ପରିବାରର
ଭାତହାଣ୍ଡି ସାଙ୍ଗରେ
ଭୁଲିଗଲୁ ଥରେ ତାକୁ କୁଣ୍ଢେଇ ଧରି
ପୋଛିଦେବା ପାଇଁ
ତା ଆଖିରୁ ଗଡୁଥିବା ଲୁହଧାର
କି ତା ସଫେଦ୍ ଶାଢୀର ଆଢୁଆଳେ
ଲୁଚିଥିବା ଦୀର୍ଘଶ୍ୱାସ।
ସଭିଏଁ ବୁଡ଼ି ରହିଛୁ
ସଂସାର ମୋହର ଭଉଁରୀରେ
କର୍ତ୍ତବ୍ୟର ବାହାନା କରି
ଏଡେଇ ଯାଇଛୁଁ
ଉଝେଇ ଦେବା ପାଇଁ
ତା ଭସ୍ମଟିକକ ତ୍ରିବେଣୀ ଘାଟରେ।

■

ମା' ହିଁ ଥିଲା ମୋର ଦୁନିଆଁ

ମା' ଲୋ,
ପିଲାବେଳେ ଲାଗୁଥିଲା ଦୁନିଆଁ ମାନେ ତୁ -
ତୁ ହିଁ ସବୁ, ତୁ ସୁଖ, ଦୁଃଖ, ତୁ କର୍ମ, ଧର୍ମ;
ତୁ ଫୁଲ, ତୁ ଚନ୍ଦନ।

ତୋ ବିନା ଏ ପୃଥିବୀ ଲାଗେନା ନିଜର,
ତୋ ନଥିବା ବେଳେ ଘର ବି ଲାଗେନି ଘର
ମିଳେନି ସେଠି ସେ ନିର୍ଭୟ ଆଶ୍ରୟ,
ତୁ ବାଢିନଦେଲେ ଭୋଜନରେ ନଥାଏ ସୁଆଦ
ଯିଏ ବି ରାନ୍ଧିଥାଉ, ବୋଉ, ନୂଆବୋଉ, ଖୁଡୀ, ମାଇଁ,
ତୁ ଭାତ ମୁଠେ ବାଢିଦେଇ
ନିଜ ହାତରେ ଢାଳି ଦେଉ ଦି ଚାମଚ ଗୁଆ ଘିଅ
ନହେଲେ ତାଟିଆଟିରେ ଥୋଇ ଦେଉ ଗୁଡମିଶା ଦହି
କେବେ ସୁବିଧା ନଥିଲେ ଆଳୁ ଚଟଣୀ କି ବଡି ଚୁରା,
ସେଇ ତ ଲାଗେ ସବୁଠୁ ସୁଆଦିଆ
ତୋ ଛାତିର ମମତାର ସୁଗନ୍ଧ ଆଉ ସ୍ୱାଦ
ଭରିଯାଇଥାଏ ଫଟା ତାଟିଆ ହେଉ କି
ବଙ୍କା ତେଢା ଥାଳିଆ ସବୁଥିରେ।

ମା' ଲୋ,
ତୁ କୋଳରେ ଜାକି ଧରିଲେ
କୁଆଡେ ଦୂରେଇ ଯାଏ ବୁଢ଼ୀ ଅସୁରୁଣୀ
ଚୁପ୍‌ଚାପ୍ ଆଖିରେ ଓହ୍ଲେଇ ପଡେ ନିଦ ମାଉସୀ
ସପନରେ ଛାଇ ଯାଏ ଜହ୍ନରାତିର ଚମକ
ମଲ୍ଲୀ ଗୋଲାପର ମହକ
ତୋ ପଣତ କାନିରେ ଘୋଡେଇ ଦେଲେ ମୋ ଦେହ
ପଶି ପାରେନି ପଉଷର ପଞ୍ଜରାଥରା ଶୀତ
କି ଭିଜେଇ ପାରେନି ଆଷାଢର ଅମାନିଆ ପ୍ରଳୟ।

ମା' ଲୋ,
ତୁ କାଖେଇ ଧରିଲେ
ଡର ଲାଗେନି ଦାଣ୍ଡରେ ବୁଲୁଥିବା ଚକରିଆ ପଣ୍ଡାକୁ
ଲାଜ ଲାଗେନି ଖଣ୍ଡିଆ ପିଜୁଳିକୁ ମଚ୍‌ମଚ୍ ଚୋବେଇବାକୁ
ହିନସ୍ତା ଲାଗେନି ବୋତାମ ଛିଣ୍ଡା, ସେପ୍‌ଟିପିନ୍‌ମରା ଫ୍ରକ୍ ପିନ୍ଧିବାକୁ
ଲାଗେ ତୁ ଯଶୋଦା ଆଉ ମୁଁ ତୋ କଳାକାହ୍ନୁ
ଯେତେ ଅଝଟ ହେଲେ କି ଲବଣୀ ଚୋରି କଲେ ବି
ତୋ ହାତ ଖାଲି ଆଉଁସୁଥିବ ମୋ ମଥା, ମୋ ପିଠି,
ତୋ ହାତ ଯୋଡି ହେଉଥିବ ମୋରି ମଙ୍ଗଳ ମନାସି।

ମା' ସେ ପରମେଶ୍ୱରୀ

ମା' ସେ ପରମେଶ୍ୱରୀ
ସ୍ୱଚକ୍ଷୁରେ ଦର୍ଶନ କରିଥିବା
ଈଶ୍ୱରୀ ସେ, ଅନୁଭବି ଥିବା ପରମେଶ୍ୱରୀ ବି ସେ।

ସେ କେବେ ଦିଶେ ମହାମାୟୀ ଲକ୍ଷ୍ମୀଙ୍କ ପରି ଚପଳା
କେବେ ବାଣ୍ଟି ଦିଏ ଦେବୀ ବୀଣାପାଣିଙ୍କ ପରି
କଥା ପଦକରେ ଜୀବନ ଜୀଇଁବାର ମହାମନ୍ତ୍ର,
କେବେ ତା ମମତାମୟୀ ଚାହାଣୀର କୁହୁକରେ
ପଢେଇ ଦିଏ ସଂସାର ରୂପୀ ମହିଷାସୁରକୁ
ହରେଇବାର, ହତ କରି ଜିଣିବାର ସପ୍ତସତୀ।

ଆଉ କେବେ ପିଲାଙ୍କ ଶତ୍ରୁଙ୍କୁ ଦେଖିଲେ
କେହି ତାଙ୍କ ବିରୁଦ୍ଧରେ ପଦଟିଏ କହିଲେ
ସେ ଦେଖାଏ ତା'ର ଚଣ୍ଡୀରୂପ,
ଆଖି ଲାଲ୍ କରି, ଜିଭ କାଢି ଗାଳି ଦିଏ, କଳି କରେ
ତା ସ୍ପର୍ଶରେ, ତା ଚାହାଣୀରେ, ତା ବାଣୀରେ
ମୁଁ ଅନୁଭବି ପାରେ ସ୍ୱର୍ଗର ଦେବାଦେବୀଙ୍କ ମହତପଣିଆ।
ତେଣୁ ସେ ହିଁ ମୋ ପାଇଁ ଲକ୍ଷ୍ମୀ, ସରସ୍ୱତୀ, ଦୁର୍ଗା, କାଳୀ।
ତୁ ମା' ମୋ ପାଇଁ ପରମେଶ୍ୱରୀ।

■

ମୋ ମା' ପରି କିଏ ?

ମୋ ମା' ହୋଇପାରେ
କାଳି କୋତରୀ, ସିଙ୍ଘାଣିନାକୀ,
ହୋଇପାରେ ନିରକ୍ଷରା, ନିର୍ବୁଦ୍ଧିଆ, ନିରୀହା,
ହେଲେ ମୋ ମା' ପରି କିଏ ?

ମୋ ପାଇଁ ସେ ସଜ ସକାଳ ପରି ତୋଫା ଗୋରା
ଠାକୁରଙ୍କ ପାଇଁ ତୋଳା ଫୁଲ ଚାଙ୍ଗୁଡ଼ିର ଫୁଲ ପରି ସୁନ୍ଦର,
କୋମଳ, ସୁଗନ୍ଧ ଭରା, ରଙ୍ଗବେରଙ୍ଗୀ, ପବିତ୍ର ପସରା ।

ଜାଣେ, ମୋ ମା' ଯାଇ ନଥିଲା ସ୍କୁଲ, କଲେଜ
ପଢ଼ି ନଥିଲା ବହି, ଖବରକାଗଜ, ପତ୍ରିକା
ଶିଖି ନଥିଲା ଅଙ୍କ କଷି କି ଇଂରାଜୀ ପଢ଼ି,
ହେଲେ ମୋ ପାଇଁ ସେ
ମା ବୀଣାପାଣିଙ୍କ ପରି ବିଦ୍ୟାଦାୟିନୀ ।

କାରଣ ମୋ କଣ୍ଠରେ ଶବ୍ଦ, ଭାଷା, ବାକ୍ୟ ଦେଇଥିଲା ସିଏ,
ଜିଭକୁ ଶିଖେଇଥିଲା କହିବା ପାଇଁ ସମସ୍ତଙ୍କୁ ମିଠା କଥା,
ଦାନ୍ତକୁ ଶିଖେଇଥିଲା ଆକଟିବା ପାଇଁ ଜିଭକୁ
ଯଦି କେବେ ରାଗରେ ବାହାରି ଆସେ କିଛି ଅସଭ୍ୟ ଶବ୍ଦ ।

ମା' କାନ ଧରେ, ହେଲେ କାନି ଘୋଡେଇ ପକାଏ
ବାଟ ବତାଏ, ଚଟକଣି ମାରେ ଅବାଟରେ ଗଲେ,
ପେଟେ ଖୁଆଏ, ଶାସନ କରେ ଖାଦ୍ୟ ଫିଙ୍ଗିଲେ, ନଷ୍ଟକଲେ
ମା' ମୋତେ ଶାସନ କରେ, ଗାଳି ଦିଏ, ବେଳେ ବେଳେ ମାରେ,
ହେଲେ ସହି ପାରେନା କେହି ବି ପଦଟିଏ କହିଲେ ମୋ ବିରୁଦ୍ଧରେ
କାନ୍ଦି ପକାଏ ଯଦି ବାପା କି ବଡଭାଇ ଆକଟି ଗାଳି ଦିଅନ୍ତି।
ହୋଇପାରେ ମୋ ମା' ମଫସଲୀ, ରକ୍ଷଣଶୀଳା, ଅନ୍ଧବିଶ୍ୱାସୀ
ହେଲେ ତାରି ବିଶ୍ୱାସ-ଅନ୍ଧବିଶ୍ୱାସକୁ ନେଇ ହିଁ ଆମର ସଂସ୍କାର,
ତା'ରି ଗାଉଁଲୀ ଚଳଣୀ ହିଁ ଆମର ସଭ୍ୟତାର ମୂଳ ପିଣ୍ଡ
ସେ କସ୍ତା ଖଣ୍ଡେ ପିନ୍ଧିଲେ ବି ପିନ୍ଧେ ସଫାସୁତର କରି
ଜଡାତେଲ ମୁଣ୍ଡରେ ବୋଳିଲେ ବି ପାରେ ସୁନ୍ଦର ଜୁଡାଟିଏ
ହାତରେ, ପାଦରେ ଖଡ୍ଡୁ, ବଟଫଳ, ପାଉଁଜ, ଝୁଣ୍ଟିଆ ପିନ୍ଧିଲେ ବି
କେବେ ତା ମନରେ ନଥାଏ ଗର୍ବ ଅହଂକାର କି ଆଳସ୍ୟ,
ମା' ତିଆରେ ଆମରି ଜୀବନ
ପୋଷ ପୋଷ ରକ୍ତ ଦେଇ, ଝାଳ ବୁହାଇ, ଶ୍ରମ କରି,
ମା' ହିଁ ଫୁଲହୋଇ ବିଛି ହୋଇଯାଏ ଆମ ଜୀବନ ପଥରେ।

■

ଆମ ସୌର ମଣ୍ଡଳରେ ସୂର୍ଯ୍ୟ ମା'

ମା'
ତୁ ଆମ ସୌର ମଣ୍ଡଳର
ସକଳ ଶକ୍ତିର ଆଧାର ସୂର୍ଯ୍ୟ
ତୋରି ଆଶିଷର ରଶ୍ମିରେ
ଫୁଟିଛି ଆମର ଉତପ୍ତ ମଧ୍ୟାହ୍ନ ପରି ଜୀବନ
ତୋରି ପଣତ କାନିର
ସୁରକ୍ଷା ବଳୟରେ ଆମେ ସବୁ ସୁରକ୍ଷିତ
ତୋରି ମଧୁର ବଚନ
ପ୍ରାଣ ସଞ୍ଚାର କରେ ସଞ୍ଜିବନୀ ମନ୍ତ୍ର ହୋଇ ।

ମା'
ତୋ ହୃଦୟର ବିଶାଳ ଆକାଶରେ
ଆମେ ସବୁ ଖୁନ୍ଦି ହୋଇ ରହିଛୁ ଗ୍ରହ ନକ୍ଷତ୍ର ପରି
ଯେବେ ଘୋଟି ଆସିଛି ଅମାବାସ୍ୟାର ଅନ୍ଧାର
କି ରାହୁ, କେତୁଗ୍ରସ୍ତ ଗ୍ରହଣ ପରାଗ
ତୁ ଜାଳିଛୁ ଆଶ୍ୱାସନାର ଦୀପାଳି
ତୁ ଢାଳିଛୁ ନିର୍ଭୀକତାର ତୈଳ
ତେଜି ଦେଇଛୁ ମନ ଭିତରେ ସାହସ, ବିଶ୍ୱାସ
ଦୂରେଇ ଦେଇଛୁ ଅନ୍ଧକାର
ସାଜି ପୁନେଇଁ ଜହ୍ନ ପରି
ତୋଫା, ନିର୍ମଳ, କୋମଳ ।

ମା'
ତୋ ମମତାର ଗଭୀର ସାଗରରେ
ଆମେ ସବୁ ଭାସୁଛୁ ଛୋଟ ଛୋଟ ନାବଟି ପରି
ଯେବେ ମାଡି ଆସିଛି ଝଡ, ଝନ୍‌ଜା କି ସୁନାମୀ
ଯେବେ ଫୁଟ ପଡିଛି ଆମ ବନ୍ଧନରେ କି ବନ୍ଧରେ
ତୁ ଛୁଟି ଆସିଛୁ ଧରି ଆଶ୍ୱାସର ଭେଳାଟିଏ
ତୁ ମାଡି ଆସିଛୁ ବିଶ୍ୱାସର ଲାଇଫ୍ ଜ୍ୟାକେଟ୍ ଧରି
କଢେଇ ନେଇଛୁ କୂଳକୁ ମଙ୍ଗ ଧରି ମା ମଙ୍ଗଳା ସାଜି
କାତ ଫୋପାଡି ଦେଇ ତୋ ସଂସ୍କାରର ଆହୁଲାରେ
ବାହି ନେଇଛୁ ଆମ ଭଙ୍ଗା, ଫୁଟା, ଦଦରା ଜୀବନ ତରୀ
ଲହରୀର ତୋଡ, ଲଘୁଚାପ ଝଡ କି
ସାଗରର ଦାନ୍ତ କଡକଡକୁ ନଡରି
ତୁ ସାଜିଛୁ ଏକ ଆଦର୍ଶର ଲଙ୍ଗର
ଆମ ଦୋଦୁଲ୍ୟମାନ ଜୀବନ ପାଇଁ।

ମନେ ପଡୁଛି ମା'

ମନେ ପଡୁଛି କେବେ କେବେ
ପଛରେ ଛାଡି ଆସିଥିବା କିଛି ସ୍ମୃତି
କିଛି ଶରଧା, ମୋ ମା'ର, ମୋ ଗାଁର,
ମା'ର ହୁଳୁହୁଳି ମଖା ଓଷାବ୍ରତର ବାସ୍ନା
ତୁଳସୀ ଚଉରା ମୂଳ ମିଞ୍ଜି ମିଞ୍ଜି ଦୀପଶିଖାର ଛାଇ ଆଲୁଅ
ଭିତରେ ପଣତକାନି ବେକରେ ଗୁଡେଇ ଗୁଣୁଗୁଣଉଥିବା
ମୋ ମା'ର "ମା ଲୋ, ବୃନ୍ଦାବତୀ, ରକ୍ଷାକର ମୋ ଛୁଆଙ୍କୁ"
ମିନତି ଭରା ସ୍ୱର ଆଉ କରୁଣ ଚାହାଣୀ।

ମନେ ପଡୁଛି କେବେ କେବେ
ମା' କୋଳରେ ମୁଣ୍ଡରଖି ଥିବା ବେଳେ
ସ୍ୱପ୍ନର ରାଜକୁମାରୀ ସାଜି ଚମ୍ପା ଫୁଲମାଳ ଗୁନ୍ଥିବା
ଜହ୍ନରାତିର ଡେଣାରେ ପ୍ରଜାପତି ଖୋଜିବା
ମା'ର କୋମଳ ଆଉଁସା ଭିତରେ
ପ୍ରେମ କାହାଣୀର ନାୟକକୁ ଅଣ୍ଡାଳିବା
ମିଛ ହେଉ କି ସତ, ମନରେ ଖଞ୍ଜିବା
ଆଲ୍‌ହାଦିନର କୁହୁକ ସତରଞ୍ଜି
ଆଉ ଉଡିଯିବା ପାଇଁ ଗୋଟେ ଜିନ୍‌ର ସାହାରା ଖୋଜିବା।

ମନେ ପଡୁଛି ମା'ର ହାତ ରନ୍ଧା
ଭାତ, ଶାଗ, ପଖାଳ,
ମା'ର ମମତା ଭରା ସୁଆଦିଆ
କ୍ଷୀରି, ମଣ୍ଡା, କାକରା,
ମା'ର ସୋମବାର ଅରୁଆ ଭାତ
ଡାଲମା, କଦଳୀ ଭଜା,
ମା'ର ଗୁରୁବାର ଅଟା ଚକୁଳି,
ଅଟକାଳି, ଚିତୋଉ ପିଠା,
ତାଳ ପାଚିଲେ ମା' ପୋଡିଦିଏ
ପାଉଁଶ ନିଆଁରେ ଖଞ୍ଜି
ନଡିଆ ପାଡି, ଗୁଜୁରାତି ପକା
ଲୋଭନୀୟ ପୋଡପିଠା,
ଆମ୍ବ ପାଚିଲେ ତିଆରେ
ସାଇତିବା ପାଇଁ ମିଠା ଆମ୍ବସଢା,
କୋଳି, ତେନ୍ତୁଳି, ଆମ୍ବୁଲରେ
ବନେଇ ରଖେ ସୁଆଦିଆ ଆଚାର,
ଶିକାରେ ଝୁଲୁଥିବା ବସା ହାଣ୍ଡିରେ
ହତାହତା ବସାଦହି,
ମାଟି ପଲମରେ ସିଝୁଥିବା
କ୍ଷୀରର ହଳଦିଆ ସରକୁ
ଚୁପ୍ କିନା କାଢି ନେଇ
ଖାଇ ଦେଇଛୁ ଆମେ ପିଲାମାନେ।

ମନେ ପଡୁଛି
ମା' ପଛେ ପଛେ ବୁଲି
ଶାଗ କିଆରୀରେ ପାଣି ଢାଳିବା,
ପରିବା ବଗିଚାରୁ ବୋଝରେ ପରିବା ତୋଳି ରଖିବା,
ମା' ମୁଢି ଖଇ ଭାଜୁଥିବା ବେଳେ
ତା ପିଠିରେ ଲଦି ହେଇ ଗରମ ମୁଢି ଚୋବେଇବା

ମା' ଧାନଉସଁଉ ଥିବା ବେଳେ
ଭୋର୍‌ରୁ କନ୍ଦମୂଳ ପୁଞ୍ଜେ ଚୁଲିରେ ପୋଡିଆଣି ଖାଇବା,
ମା' ପାଚିଲା ପଣସ ଛଡେଇବା ବେଳେ
ମୋ ପାଟିକୁ ଦୁଇ ଚାରିଟା ଖଜା ପଣସ କୋଷା ବଢେଇ ଦେବା,
ମା'ର ହାତରେ ଥାଏ ଅମୃତ
ହୃଦୟରେ ଥାଏ ମମତାର ପୀୟୂଷ ଭାଣ୍ଡ
କେବେ ରାଗେନି କି ରୁଷେନି ମା',
ଗାଳି ଦିଏନି କି ମାରେନି ମୋ ମା',
ସାକୁଲେଇ, ବୁଝେଇ ଦିଏ ଜୀବନର ଅଡୁଆ ମଡୁଆ ଅଙ୍କତକ ।

■

ସବୁ ସମସ୍ୟାର ସମାଧାନ ମା'

ସବୁ ସମସ୍ୟାର ସମାଧାନ ମା'
ସବୁ ଆକାଙ୍କ୍ଷାର ପରିପୂର୍ଣ୍ଣତା ମା'
ମା' ଗୋଟେ ଅସରନ୍ତି କବିତାର ପଦ
ମା' ସିନ୍ଦୁରବୋଳା ମଙ୍ଗଳାଙ୍କ ହସ ।

ମା' ବୁଣୁଥାଏ ଆମ ପାଇଁ ସ୍ୱପ୍ନ
ସକାଳର କାକଳି ପରି ମଧୁର,
ସନ୍ଧ୍ୟାର ସଞ୍ଜବତୀ ପରି ନରମ
ମା' ଆମ ଆଖିର ନିଦ ପାଇଁ ନାନାବାୟା ଗୀତ ।

ଘୋଡିଘାଡି ଦେଇ ସନ୍ତାନଙ୍କର ସବୁ ଦୋଷ
ନିଜ ପଣତକାନି ତଳେ ଘୋଡେଇ ଦିଏ ମା'
ସନ୍ତାନଙ୍କର ଦୋଷ ପାଇଁ ମୁଣ୍ଡକୋଡି କ୍ଷମା ମାଗେ ଆଉ
ଅଞ୍ଜୁଳାଏ ଫୁଲ ସମର୍ପି ଦେଇ ମାଗି ଆଣେ ଆଶିଷ ।

ମା' ଖୋଜୁଥାଏ ଆମ ପାଇଁ ଦାନାକନା
ବାପା ଥାଆନ୍ତୁ, ନଥାଆନ୍ତୁ, ସେ ଦରାଣ୍ଡି ବୁଲୁଥାଏ
ପିମ୍ପୁଡିଟିଏ ପରି ଦାଣ୍ଡ, ବାଡି, ଅଗଣା, କୂଅମୂଳ,
ପିଲାଙ୍କ ଚଞ୍ଚୁରେ ଥୋଇବା ପାଇଁ ଆହାର
ଦରକାର ହେଲେ କରେ ସେ ନିଜ ଦେହର ବେପାର

କେବେ ଫିଙ୍ଗି ଫୋପାଡି ଦିଏ ଲାଜ, ସମ୍ଭ୍ରମ,
କେବେ ବେଖାତିର୍ କରି ନାଲି ଆଖିର ବୁଲେଟ୍‌କୁ
ଓହ୍ଲେଇ ପଡେ ଖାଲି ପାଦ, ଖାଲି ହାତରେ ରଣାଙ୍ଗନକୁ
ମା' ନିଜେ ହଜି ଖୋଜି ଆଣେ ଆଶ୍ୱାସନା
ନିଜେ କାନ୍ଦି ସାଉଁଟି ଆଣେ
ଆମ ପାଇଁ ହସର ଶୀତଳ ଶୀତ୍କାର।

■

କେଉଁ ଧାତୁରେ ଗଢା ମା' ?

କେହି, କହି ପାରିବେ କି
କେଉଁ ଧାତୁରେ ଗଢା ମା' ଟିଏ ?
ସଭିଙ୍କ ପରି ତ ତା ଶରୀର
ରକ୍ତ, ମାଂସ, ତନ୍ତୁ, ଶିରା, ପ୍ରଶିରା
ହେଲେ କେହି ଜାଣେ କି କେଉଁ ପଦାର୍ଥରେ
ଈଶ୍ୱର ଗଢିଛନ୍ତି ତା'ର ମନ ?

କେବେ ସେ ତରଳି ଯାଏ ମହମ ପରି
କେବେ ମିଳେଇ ଯାଏ ଲବଣ ପରି,
କେବେ ସଶକ୍ତ ହୋଇଉଠେ ଲୁହା ପରି
କେବେ ଝଟକି ଉଠେ ସୁବର୍ଣ୍ଣ ପରି ।

ରୋଷ ଶାଳରେ ଲାଗେ ସେ ମା' ଅନ୍ନପୂର୍ଣ୍ଣା
ରାନ୍ଧେ, ବାଢେ, ମନଲାଖି ସଭିଙ୍କର
ନଥାଉ ପଛେ ଧନ ସମ୍ପତ୍ତି, ପ୍ରତିପତ୍ତି
ଗୃହାଙ୍ଗନରେ ତା'ର ଛବି ଲାଗେ ମହାଲକ୍ଷ୍ମୀଙ୍କ ପରି,
ନିଜ ସ୍ୱେଦ ଢାଳି, ମତିକୁ ସ୍ଥିର କରି, ବୁଝିବିଚାରି
ଆଚାର, ବ୍ୟବହାର ମାର୍ଜିତ କରି
ଘରକୁ ଡାକି ଆଣେ ଧନ ଜନ, ଗୋପ ଲକ୍ଷ୍ମୀ ।

କେବେ ସେ ବୁଦ୍ଧି ଶିଖାଏ
ଜ୍ଞାନର ରାସ୍ତା ଦେଖାଏ
ମା ବୀଣାପାଣିଙ୍କ ପରି
ପୋଥି ପୁରାଣ, ଗୀତା ଭାଗବତ ତା'ର ଜ୍ଞାନ ଗୁରୁ
ଲେଖି ନ ଶିଖି ବି ଲେଖିଯାଏ ସନ୍ତାନଙ୍କ ଭାଗ୍ୟର ରେଖା ।

କେବେ ସେ ଶାସନ କରେ
ଶିକ୍ଷାଗୁରୁ, ଦୀକ୍ଷାଗୁରୁଙ୍କ ପରି
ମିଛ ପଦେ ବାହାରିଲେ ପାଟିରୁ ପକାଏ ଚାପୁଡାଟିଏ,
ଲୁଚେଇ ଚୋରେଇ ଖାଇଲେ ଉଞ୍ଚାଏ ଗୋଟେ ଛଡି,
ସାଙ୍ଗଙ୍କ ସହ କଳି ମାଡଗୋଳ କଲେ
ଢୋ କିନା ପିଠିରେ ବଜାଏ ଦୁଇ ବିଧା,
ହେଲେ ଆମ ଆଖିରୁ ଲୁହ ଝରିବା ଆଗରୁ
ଲହୁ ଝରେ ତା ଛାତିରୁ
କେହି ଆମକୁ ଗାଳି ପଦେ ଦେଲେ କି ଅପମାନ କଲେ
ଅଣ୍ଟିରେ ଲୁଗା ଭିଡି ବାହାରି ପଡେ କଳି କରିବାକୁ
ବାପାଙ୍କ ସାଙ୍ଗରେ ନିତି ଲଗାଏ ଅଝଟ
ଏ ପିଲାର ଏଟା ନାହିଁ, ସେ ପିଲାର ସେଟା ନାହିଁ,
କେଜାଣି କେଉଁ ଧାତୁରେ ଗଢା ତା'ର ମନ ?

■

ମା’ ପାଖରେ ଥିବା ବେଳେ

ଯେତେବେଳେ ପାଖରେ ଥିଲି ତୋର
ମା’
ବୁଝି ନଥିଲି ତୋ କହୁଥିବା କଥାର ମୂଲ୍ୟ
ଜାଣୁ ନଥିଲି ତୋ ଅଟକେଇବାର କାରଣ
ପାରୁ ନଥିଲି ଦେଖି ତୋ ତ୍ୟାଗର ମହିମା ।

ଏବେ ତୁ ଯେତେବେଳେ ପାଖରେ ନାହୁଁ
ମା’
ଭାବୁଛି ତୁ ମୋ ପାଖରେ ଥିବା ବେଳେ
ତୋ କୋଳରେ ମୁଣ୍ଡ ରଖି ଶୋଇ ପାରିଲି ନାହିଁ
ମୋ କୋଳରେ ଥିଲେ ମୋ ଛୁଆ,
ତୋ ଖାଇବା ପିଇବା କଥା ଠିକ୍‌ରେ ହେଜ କଲି ନାହିଁ,
ମୋ ମନରେ ଖେଳୁଥିଲା ମୋ ପିଲାଙ୍କ ଭୋକ, ଶୋଷ, ନିଦ,
ତୋ ସାଙ୍ଗରେ ଦି ଘଡି ଭଲରେ ଗପି ପାରିଲି ନାହିଁ
ମୋ ପାଖରେ ନଥିଲା ତୋ ପାଇଁ ମିନିଟିଏ ସମୟ,
କଲେଜ ଯିବାର ଥିଲା, ପାଠ ପଢି ପଢେଇବାର ଥିଲା
ପିଲାମାନଙ୍କୁ ଖୁଆଇ, ପିନ୍ଧାଇ, ସ୍କୁଲ ପଠେଇବାର ଥିଲା,
ସନ୍ଧ୍ୟାରେ ସେମାନଙ୍କ ହୋମୱାର୍କ କରିବାର ଥିଲା,
ସେମାନେ ଟି.ଭି. ଦେଖିବାକୁ ବସିଗଲେ
ମୋତେ ରୋଷେଇ ଘରେ ଡିନର୍ ତିଆରି କରିବାର ଥିଲା,
ତୋ ପାଇଁ ଆଉ ସମୟ ପାଇଲି କୋଉଠୁ ?

ବେଳେ ବେଳେ ଶୁଭିଯାଏ
ତୋ କଥା ମୋ କାନରେ
ମା', ଲାଗେ
ତୁ ଏଇଠି କୋଉଠି ରହିଛୁ, ମୋ ପାଖରେ; କହୁଛୁ;
"ଦି'ଟା ଭଲ କରି ଖାଇକି ଯାଉନୁ।"
"ଦେହ ଝଡି କଣ୍ଟା ହେଲାଣି, ଡାକ୍ତରକୁ ଦେଖଉନୁ।"
"ଏତେ କାମ କରୁଛୁ, ଚାକରାଣୀ ଟେ ରଖୁନୁ!"
"ପିଲାଟା ବଡ ହେଇଗଲାଣି, ଆଉ କୋଳରେ ପୂରାନା।"
"ଆ, ତେଲ ଲଗେଇ ମୁଣ୍ଡ କୁଣ୍ଡେଇ ଦିଏଁ,
ବାୟାଣୀ ପରି ଦିଶୁଛୁ,"
ମା', ତୋ ପାଖରେ ଥିଲା ବେଳେ
ମୁଁ ଜାଣି ନଥିଲି ଦୁଃଖ କ'ଣ, ଅଭାବ କ'ଣ, ନିନ୍ଦା କ'ଣ,
ଆମର ଦୁଃଖ, ଅଭାବ, ନିନ୍ଦା ନିଜ ମୁଣ୍ଡରେ ବୋହି ନେଇ
ତୁ ଯେ ଆମକୁ ଛାଡି ଦେଇଥିଲୁ ବିନ୍‌ଦାସ୍ ଉଡିବା ପାଇଁ
ତୋ ମମତାର ଅନନ୍ତ ନୀଳିମାରେ।

■

ଜର ହୋଇଥିବା ବେଳେ

ଜାଣିଛୁ ମା, –
ଯେବେ ବି ଜର ଆସେ ମୋ ଦେହକୁ
ଭାରୀ ହୋଇ ଯାଏ ମନ ଓ ଶରୀର
ମୁଁ ମନେ ପକାଏ ତୋତେ,
ତୋ ନରମ ହାତର କୋମଳ ପରଶ
ମୋ ତପ୍ତ କପାଳରେ, ପାଦରେ,
ତୁ କ'ଣ କେବେ ଶୁଣିପାରୁ ମୋ ଡାକ ?

ତୁ ଶୁଣ୍ ବା ନ ଶୁଣ୍ –
ମୁଁ ଶୁଣେଇ ଚାଲେ ତୋତେ
ମୋ ମନ ତଳର ଦୁଃଖ,
ମୋ ଆହତ ପ୍ରାଣର କାତରତା
ଆଖି ବନ୍ଦ କରି ମନେ ପକାଏ ତୋ ମୁହଁ
ତୋ ଆଖିର କୋମଳ ଚାହାଣୀ
ମୋ ଆତ୍ମା ଆବଦ୍ଧ ହୋଇ ଯାଏ
ତୋ ମୂର୍ତ୍ତିର ସ୍ମୃତି ଫର୍ଦ୍ଦରେ।

ମା', ଜାଣିଛୁ –
ଏବେ ଭାବେ କେବେ
ତୋତେ ଜର ହୋଇଥିବା ବେଳେ

ତୋ ପାଦ, ମଥା, ଦେହ ହାତ
ଆଉଁସି ଦେଇଥାଆନ୍ତି କି !
ତୋ ମୁଣ୍ଡ ବିନ୍ଧି
ତୁ ଅକାତ ହୋଇ ପଡିଥିବା ବେଳେ
ତୋରି ଅମୃତାଞ୍ଜନ ଡବାରୁ ଚିମୁଟେ
ତୋ କପାଳରେ ଘଷି ଦେଇଥାନ୍ତି କି
ଢିଙ୍କି କୁଟିକୁଟି ଥକ୍‌କା ହୋଇ
ଆସି ସପ ଉପରେ ଗଡିପଡିବା ବେଳେ
ତୋ ପାଦରେ ଟିକେ
ଉଷୁମ ସୋରିଷ ତେଲ ଘଷି ଦେଇଥାଆନ୍ତି କି -!!!

■

ମା’ ମୋର ତାରା ହୋଇଗଲା ପରେ

ମା’ ମୋର !
ମନ କହୁଛି ଲୁହର ଦିପାଳୀଟିଏ
ଜାଳିବି ତୋ ପାଦ ତଳେ
ତୋ ପାଖରେ ଥିବା ବେଳେ
ଡରୁନଥିଲି ମୁଁ ଝଡ ବତାସ ଅଣଆଶ ପବନ
ଜଞ୍ଜାଳ ଝଡ଼ରେ ଏବେ
ଦୋହଲି ଦୋହଲି ହଲୁଛି ବସାଟି ମୋର
ଯେତେ ଡାକିଲେ ବି ପହଞ୍ଚୁନି
ମୋ ଅଧୀର ସ୍ୱର ତୋ ପାଖରେ
ତୁ ଚାଲିଗଲୁ ସୁଖରେ
ରହିବୁ ବୋଲି ସ୍ୱର୍ଗଧାମରେ
ଏଠି ବିପଦରେ କିଏ ହେବ କହ ମୋର ସାହା ?

ମା’ ମୋର !
ହାତ ଧରି ଚାଲିବା ଶିଖାଇଲୁ ତୁ
କଣ୍ଠରେ ଭାଷା ଦେଲୁ ତୁ
ଜହ୍ନ ଦେଖାଇ ଦୁଧଭାତ ଖୁଆଇ ବଢାଇଲୁ ତୁ
“ଧୋ ରେ ବାୟା ଧୋ” ଲୋରୀ ଗାଇ ଶୁଏଇଲୁ ତୁ
ଧୂଳି ଧୂସର ହୋଇ ଦାଣ୍ଡରୁ ଦଉଡି ଆସିଲେ
ଅତି ସରାଗରେ ପଣତ କାନିରେ ପୋଛି ପକେଇଲୁ ତୁ,

କେବେ କେଉଁଠୁ ଅପମାନ କି ଗାଳି ଖାଇ କାନ୍ଦିଲେ
ଛାତିରେ ଚାପି ଧରି, ମଥା ଆଉଁସି ସାଙ୍କୁଲେଇ ପକେଇଲୁ ତୁ
ଏତେ ସରଧାରେ ବଢେଇ କୁଢେଇ
ସଂସାର ଡଙ୍ଗାରେ ବସେଇ ଦେଇ ନିଶ୍ଚିନ୍ତ ହୋଇଗଲୁ ତୁ,
ଭାବିଲୁନି ଝଡ଼ ହେଲେ, ବତାସ ହେଲେ କ'ଣ କରିବି ମୁଁ,
ଛାଡ଼ି ଦେଲୁ ତ ଗୋଟେ ନାବିକ ହାତରେ
ସତରେ କ'ଣ ନିଶ୍ଚିନ୍ତ ନିଦରେ ଶୋଇ ପାରିଲୁ
ମୁଁ ତୋ କୋଳ, ତୋ ଆଉଁସା, ଘଷାକୁ ଝୁରୁଥିବା ବେଳେ ?

ଏବେ ଆତ୍ମା ଡାକୁଛି
ଫେରି ଯାଇ ପାରନ୍ତି କି
ଅତୀତର ସେଇ ଝାଟିମାଟି କୁଡ଼ିଆ ଘରକୁ
ମୁଁ ଆଉଁସି ଦିଅନ୍ତି ତୋ ପିଠି କାଶ ହେବା ବେଳେ,
ବାଢ଼ି ଦିଅନ୍ତି ପଖାଳ ବେଲାଟି ଭୋକ ହେଲା ବେଳେ,
ପୋଛି ଦିଅନ୍ତି ତୋ ଆଖିର ଢଳଢଳ ଲୁହ,
ଭାଙ୍ଗି ଦିଅନ୍ତି ତୋ ପାଇଁ ଗୁଣ୍ଡି ଖଇର ପକା ପାନ ଦିଖଣ୍ଡ
ହାତକୁ ବଢେଇ ଦିଅନ୍ତି ଚା କପ୍‌ଟି ସାଙ୍ଗରେ ଭଲ ଲୁଣି ବିସ୍କୁଟ୍
କିନ୍ତୁ ଆଉ କୋଉଠୁ ମିଳିବୁ ତୁ ?
ଆକାଶର ତାରା ହୋଇଗଲୁ ଯେ
ଭୁଲିଗଲୁ ଏ ବସୁଧା ଛାତିରେ ଝୁଣ୍ଟି ପଡୁଥିବା ପିଲାମାନେ
ଡାକୁଛନ୍ତି ତୋତେ, ଖୋଜୁଛନ୍ତି ତୋର ମମତା,
ଲୋଡୁଛନ୍ତି ତୋର ଆଶିଷ ।

■

ମା' ଓ ବାପା

ମା' ଓ ବାପା, ଉଭୟେ ତ ଏତେ ଆପଣାର
କେମିତି କରିହେବ ତୁଳନା ତାଙ୍କର ?
ଦୁହେଁ, ଦୁହିଙ୍କ ସ୍ଥାନରେ ଅତୁଳନୀୟ ।

ବାପା ଲାଗନ୍ତି ନାରିକେଳ ପରି କଠିନ
ମା' ଅଙ୍ଗୁର କୋଳିଟି ପରି କୋମଳ,
ହେଲେ ମା' ର ମନ ଭିତରେ ଥାଏ ଗୋଟେ ଦୃଢ ପଣ,
ଆଉ ବାପାଙ୍କ ଆତ୍ମାର ଗହୀରଟି
ପାଣି ପରି ସ୍ୱଚ୍ଛ, ନିର୍ମଳ, ତରଳ ।

ବାପା ଗଢନ୍ତି ଘର
ନିଜେ ପାଲଟି ଯାଆନ୍ତି କାନ୍ଥ ପରି ନିବୁଜ,
ଛାତ ପରି ଦୃଢ, ଅଭେଦ୍ୟ, ଅକାଟ୍ୟ
ସୁରକ୍ଷା ଦେବା ପାଲଟି ଯାଏ ତାଙ୍କ ଧର୍ମ
ମା' ସଜାଇ ରଖେ ଘର
ନିଜେ ପାଲଟିଯାଏ ପଥର ଚଟାଣଟିଏ
ଯାହା ଉପରେ ପଦାଘାତ କରି ଚାଲିଯାନ୍ତି ସମସ୍ତେ
ହେଲେ ଆଘାତ, କଷାଘାତ ସହି
ସଭିଙ୍କୁ କୋଳେଇ ନେବା ତା'ର ଧର୍ମ ।

ବାପା ପାଆନ୍ତି ମାନ ସମ୍ମାନ, ଦାଣ୍ଡଘର ଦିଅଁଙ୍କ ପରି,
ପୂରାନ୍ତି ସବୁ ଅଭିଳାଷ
ଘରକୁ ଆଣନ୍ତି ବୋହି ଟଙ୍କା
ପନିପରିବା, ମାଛ ମାଂସ, ଲୁଗାପଟା
ମା' ପାଏ ହତାଦାର, ବାଡିଘର ଢିଙ୍କି ପରି
କୁଟି କଚାଡି ହୋଇ ଚୁନା କରେ
ନିଜ ଦେହ, ମନର ଓରମାନ
ଚୁଲିର ଜାଳ ହୋଇ ପୂରାଏ ପେଟ,
ଅରାଏ ଦୁବଘାସ ହୋଇ ଆଉଁସିଦିଏ ସଭିଙ୍କ ପାଦର ଫାଟ।

ବାପା ଜାଣନ୍ତି ସଂସାର ଯାକର କଥା
ସେ ଲାଗନ୍ତି ସତେକି ବୁଦ୍ଧିର ଦରିଆ
ଶିଖାନ୍ତି ଅ, ଆ, କ, ଖ, ମିଶାଣ, ଫେଡାଣ, ପଣିକିଆ,
ଦୁଷ୍ଟ ହେଲେ ଦିଅନ୍ତି ଦି'ପଦ ଗାଳି, କି ଦି'ପାହାର
ମା' ଜାଣେ ହୃଦୟ ତଳର କଥା
ପଢିପାରେ ଲୁଚେଇଥିବା ମନର ଗହନ ଚିନ୍ତା,
ଛପିଲା ଛାତି ତଳର କୋହ, ନିବୁଜ ଓଠର ଲୁହ
ମା' ସରଳ କବିତାଟିଏ, ମମତାର ମନମୋହିନୀ ଧାରାଟିଏ।

ବାପା ଭାଗବତ ଗାଦି କି ମନ୍ତ୍ରିତ ଯଜ୍ଞବେଦୀ
ମା' କେବେ ରୋଷେଇ ଘର ମାଟିଚୁଲି,
କେବେ ପୁଣି ବିସ୍ଫାରିତ ନେତ୍ରା ଗ୍ରାମ ଦେବତୀ।

■

ଅସାମାନ୍ୟା ତୁହି ମା'

ଜନ୍ମ ଦେଲୁ ଅନ୍ତ ଫାଡ଼ି ତୁ ଜନନୀ
ଚିର ପୂଜନୀୟା, ମହନୀୟା, କଲ୍ୟାଣ କାରିଣୀ, ଅସାମାନ୍ୟା ତୁହି ।

ଆଙ୍ଗୁଠି ଧରି ଚାଲି ଶିଖେଇଲୁ ତୁଇ
ଅଧର ପ୍ରାନ୍ତରେ, ଗଳାର ଗବାକ୍ଷରେ ଶବ୍ଦ ଦେଲୁ ତୁଇ
ତୁ ସାହସିନୀ ହୋଇ ଶିଖେଇଲୁ ସାଇକେଲ୍ ଚଲାଇ
ପାଠ ପଢେଇଲୁ, ଲୋରି ଶୁଣେଇ ଖୁଏଇଲୁ ତୁଇ
ଜହ୍ନ ଦେଖେଇ, କୋଳେଇ, କାଖେଇ ଶୁଏଇଲୁ ତୁଇ
ପଡିଆରେ, ପାର୍କରେ, ବଗିଚାରେ ବୁଲେଇଲୁ, ଦୋଳି ଖେଳେଇଲୁ,
ମା' ତୁ ଅନନ୍ୟା, ଅସାମାନ୍ୟା ।

ଭୁଲ୍ କଲେ ନାଲି ଆଖି ଦେଖେଇ ଆକଟ କଲୁ ତୁଇ
ବାପାଙ୍କ ରାଗ, ଗାଳି ମାଡ ବେଳକୁ ଆଢୁଆଳ କରୁ ତୁଇ
ସ୍କୁଲର ହୋମୱାର୍କ, ପ୍ରୋଜେକ୍ଟ କରେଇଲୁ ତୁହି
ଟିଚରଙ୍କୁ ହାତଯୋଡି ମୋ ଦୋଷ ପାଇଁ କ୍ଷମା ମାଗିଲୁ ତୁଇ
ସାଙ୍ଗମାନଙ୍କୁ କେତେ ହାତରନ୍ଧା ଦରବ ଖୁଏଇଲୁ ତୁଇ,
ଜନ୍ମଦିନ ପାଳି, କେକ୍ ବନେଇ, ସାଙ୍ଗସାଥୀଙ୍କୁ ଡାକି
ହାପି ବର୍ଥଡେ ଗୀତ ଗାଇ, ତାଳି ମାରି,
ମୋର ଲମ୍ବା ଜୀବନ ପାଇଁ ଠାକୁର ଘରେ ଅଧିଆ ପଡିଲୁ ତୁଇ,
ମା' ତୁ ଅନନ୍ୟା, ଅସାମାନ୍ୟା ।

ପ୍ରେମ କରିବା ବୟସରେ
ବୁଦ୍ଧି ଶିଖେଇଲୁ ଗପ ଛଳରେ ତୁଇ
ଆମ ଯିବା ଆସିବା ବାଟକୁ ଜଗି ବସିଲୁ ତୁଇ
ଅଝଟ ହେଲେ, ଅମାନିଆ ହେଲେ କାନମୋଡ଼ିଲୁ ତୁଇ
ପ୍ରେମର ବିଫଳତାରେ ହୃଦୟ ଭାଙ୍ଗି ଖଣ୍ଡ ଖଣ୍ଡ ହେଲେ
ତା'ର ଆୱାଜ୍ କେହି ନଶୁଣୁ, ନଜାଣୁଣୁ ଶୁଣିଲୁ ତୁଇ
ଛାତିରେ ଲୋଟାଇ, ପଣତରେ ଲୁହକୁ ପୋଛି ପାଛି,
ମୁଣ୍ଡ ଆଉଁସି ଛାତିର ଦୁଃଖ ଦୂରେଇଲୁ ତୁଇ
ନୂଆ ଆଶା ଭରସାର ବାଣୀ ଶୁଣେଇ ବୋଧ କଲୁ ତୁଇ
ମା' ତୁ ଅନନ୍ୟା, ଅସାମାନ୍ୟା।

ଖରା, ବର୍ଷା, ଶୀତ, କାକର ନମାନି ଆମକୁ ପାଳିଲୁ ତୁଇ
ଗାଳି, ନିନ୍ଦା, ଅପମାନ, ଅଭିମାନ ରାଗକୁ ବେଖାତିର କରି
ଆମକୁ ଭଲ ମଣିଷ କରି ଗଢ଼ିବାର ସଂକଳ୍ପ କଲୁ ତୁହି,
ସେଇଥି ପାଇଁ ମା' ତୁ ଅନନ୍ୟା, ଅସାମାନ୍ୟା।

■

ମା' ବୁଢୀ

ଏବେ ବି ତା'ର ଶିରାଳ ଥରନ୍ତା ହାତରେ
ସଞ୍ଜ ଦୀପଟି ହାତରେ ଧରି
ତୁଳସୀ ଚଉରା ମୂଳେ ମୁଣ୍ଡ କୋଡି
ନେହୁରା ହେଉଥାଏ
ମା' ବୁଢୀଟି;
"ମୋ ପୁଅର ମଙ୍ଗଳ କର, ପ୍ରଭୁ
ତା ପରିବାରକୁ ଘଣ୍ଟଘୋଡେଇ ରଖ।"
ଭାବୁଥାଏ, କ'ଣ ହେଲା ଯଦି
ଅବୁଝା ବଦ୍‌ରାଗୀ ପୁଅଟା ଦି ଗୋଇଠା ପକେଇଲା
ଗାଁ ଦାଣ୍ଡରେ, ବାଡି ତଳେ, କି ଅଗଣାରେ ?

କ'ଣ ବା ଆଉ ବାକି ରହିଲା ତା'ର ମାନ-
ଯଦି ବୋହୂ କି ନାତି, ନାତୁଣୀ ଶୋଧି ପକେଇଲେ,
"କାହିଁକି ଖାଇବାକୁ ମାଗିଲୁ ?"
"କାହିଁକି ବିଛଣାରେ ମୂତିଲୁ ?"
"କାହିଁକି ସଦାବେଳେ ଫୋନଟା ରେ ବକ୍ ବକ୍ ହେଉଛୁ ?"
ରାଗ, ଅଭିମାନରେ ଚାରି ଚାପଡ, ଦୁଇବିଧା
କସି ଦେଲେ ତା ଠକେରା ଗାଲରେ, ପୁଅ ଆଗରେ ?

ଅନ୍ତ ଫାଡ଼ି ଜନମ ଦେଇଛି ପୁଅକୁ
କୋଳେଇ, କାଖେଇ ମଣିଷ କରିଛି,
ଲୁଗାକାନି ଘୋଡ଼େଇ କେତେ ବିପଦରୁ ବଞ୍ଚେଇଛି
ସେ ତ ବୁଝିଲା ନାହିଁ, ଏମାନେ ବୁଝିବେ କୋଉଠୁ?

ଶୁଖିଲା ଶେତା ଓଠ ଧାରରେ
ଛାତିର ବେଦନା ଛପାଇ
ଦଦରା ପଞ୍ଜରାର ବାମ୍ଫୁଆ କୋହକୁ
ଲୁଗା କାନିରେ ଚାପିଧରି, କହିପକାଏ,
ସାଇ ପଡ଼ିଶାଙ୍କୁ, ଦାଣ୍ଡର ଭିଡ଼କୁ,
"କାମ ଚାପ ଯୋଗୁଁ ପରା ଠିକ୍ ନାହିଁ ମୁଣ୍ଡ ପୁଅର
ଦେଖୁନ କେତେ ଝଡ଼ି ଗଲାଣି,
ଡାଇବେଟିସ୍ ବାହାରି ପଡ଼ିଲାଣି,
ମୁଣ୍ଡ ଚନ୍ଦା ହେଇ ଗଲାଣି,
ଗୋରା ଚମ କଳା ପଡ଼ିଗଲାଣି,
ମୁଁ ତ ନ ମରି ତା ଉପରେ ବୋଝ ହେଇଛି
ନିଆଁ ମୁହାଁ ଯମ କଉ ନଉଛି ମୋତେ?"

ମା' ବୁଢ଼ୀଟି
ପିଠିର କୁଜକୁ ଦାଣ୍ଡ ପିଣ୍ଡାରେ ଆଉଜେଇ
ଅନେଇ ଥାଏ ତାରାଭରା ମଗୁଶୀର ଆକାଶକୁ
ମନେ ପକଉଥାଏ ବୁଢ଼ାର କଅଁଳିଆ ଡାକ,
ସାଉଁଳିଆ କଥା, ହୋ ହୋ ହସ, ପାକଲା ଗାମୁଛା,
ହାତ ଯୋଡ଼ି ମୁଣ୍ଡରେ ଲଗଉଥାଏ,
ଡାକୁଥାଏ ଜଗନ୍ନାଥଙ୍କୁ,
ନେହୁରା ହେଉଥାଏ ମା ମଙ୍ଗଳାକୁ,
"ମୋ ପୁଅର ମଙ୍ଗଳ କର
ତା'ର ସବୁ ଆଶା ପୂରଣ କର।

କ'ଣ ହେଇଗଲା
ଯଦି ନେଇଗଲା ତା ବାପାର ପେନ୍‌ସନ୍ ଗଣ୍ଡାକ
କି ବିକିଦେଲା ଜମିବାଡ଼ି, ନଈକୂଳ ଜମି ମାଣକ ?
ତା'ର ଅଭାବ କ'ଣ ତୁମେ ଜାଣିନ ଠାକୁର
କେତେ ଦାୟିତ୍ୱ ତା ମୁଣ୍ଡରେ
ପୁଅ ଝିଅ ଇଂରାଜୀ ସ୍କୁଲରେ ପଢୁଛନ୍ତି
ସହରରେ ଘର ତୋଳା ଚାଲିଛି,
ତା ଶାଶୁର କ୍ୟାନସର୍ ଚିକିତ୍ସା ଚାଲିଛି ବମ୍ବେରେ,
କେଉଁଠୁ ଆଣିବ ସେ ଏତେ ଦାୟ ମେଣ୍ଟେଇବାକୁ ?"

ମା' ବୁଢୀଟି
ଆଖି ତରାଟି ଚାହେଁ ଜହ୍ନକୁ, ମେଘ ଢଙ୍କା ଆକାଶକୁ
"କେଉଁଠି ଲୁଚିଛ ପ୍ରଭୁ, ଯମ ଦେବତା ?
ମୋତେ ଘେନି ଯାଅ,
ତାରାଟିଏ କରି ତାଙ୍କରି ପାଖରେ ସରଗରେ ବସେଇ ଦିଅ ।"

■

ମା'ବନାମ ମାଟି ମା'

ମା' ଟି, ହେଉ ସେ କୌଶଲ୍ୟା ବା କୈକେୟୀ
ଶକୁନ୍ତଳା, ଅନୁସୂୟା, ସୀତା ବା ମନ୍ଦୋଦରୀ
ମାଟି ମା' ପରି ସେ ଯେ ସର୍ବଂସହା, ମହିମାମୟୀ
ଜୀବନ ଧାରଣ ଓ ପାଳନର ହେତୁ ଚିର ଗରିମାମୟୀ।

ମା' ଓ ମାଟି ମା' ଉଭୟେ
ଧାରଣ କରନ୍ତି ନୂତନ ଜୀବନର ବୀଜ
ଧାରଣ କରିଥାନ୍ତି ଗଗନ ସ୍ପର୍ଶ କରିବାର ସ୍ୱପ୍ନ
ଧାରଣ କରିଥାନ୍ତି ଜୀବସତ୍ତାକୁ ପାଳିବାର ମଧୁର ରସ
ଧାରଣ କରିଥାନ୍ତି ସକଳ ଆଶୀର୍ବାଦର ସ୍ୱର୍ଣ୍ଣ କଳସ
ଜନ୍ମଦାତ୍ରୀ, ପାଳନକର୍ତ୍ତ୍ରୀ, ତାରଣକର୍ତ୍ତ୍ରୀ, ସେ ଦୁହେଁ
ମହାଲକ୍ଷ୍ମୀ, ସରସ୍ୱତୀ, ଦୁର୍ଗା, କାଳି ସ୍ୱରୁପା।
ମା' ଓ ମାଟି ମା' ଉଭୟେ
ପ୍ରତିବଦ୍ଧ ବାଣ୍ଟିବା ପାଇଁ ସନ୍ତାନଙ୍କ ଧମନୀକୁ ରକ୍ତ
ପ୍ରତିବଦ୍ଧ ପରଷିବା ପାଇଁ ସକଳ କ୍ଷୁଧିତ ଜଠରକୁ ଖାଦ୍ୟ
ପ୍ରତିବଦ୍ଧ ଢାଳିଦେବା ପାଇଁ ତୃଷିତ ପ୍ରାଣରେ ଶୀତଳ ସ୍ନେହ ବାରି
ପ୍ରତିବଦ୍ଧ ପିଆଇବା ପାଇଁ ପଥଭ୍ରଷ୍ଟ ବିବେକକୁ ଧର୍ମର ଅମୃତ
ସେ ଦୁହେଁ ମାନବୀ, ଅପ୍‌ସରୀ ପୁଣି ଈଶ୍ୱରୀ
ଅଦୃଷ୍ଟ ବିଶ୍ୱ ନିୟନ୍ତାଙ୍କ ଦୃଷ୍ଟ ପ୍ରତିରୂପା।

ମା' ଓ ମାଟି ମା'ଉଭୟଙ୍କ
କପାଳ ଲିଖନ କର୍ଷଣ, ଖନନ, ବିଦାରଣ
କପାଳ ଲିଖନ ସନ୍ତାନ ବିଦ୍ରୋହର ସନ୍ତାପ
କପାଳ ଲିଖନ ସନ୍ତାନ ବିମୁଖତାର ଅପମାନ
କପାଳ ଲିଖନ ସନ୍ତାନ ଅମାନବିକତାର ତ୍ରାସ
କପାଳ ଲିଖନ ସନ୍ତାନ ବିଚ୍ଛେଦର ପୀଡା
ସେ ଦୁହେଁ ଏ ଧରାର ବିଭବ, ଅମୂଲ୍ୟ ସମ୍ପଦ ପସରା
ଲକ୍ଷେ ଯାତନା ସହି ବି ଯେ ଢାଳିଦିଏ ଆଶୀଷର ଧାରା

ମା' ଓ ମାଟି ମା' ଉଭୟ
ଅନୁପମା, ସର୍ବଂସହା, କ୍ଷମାମୟୀ, ସଦା ପ୍ରଣମ୍ୟା ।

■

ମମତାମୟୀ ମା'

ବାଲ୍ୟକାଳେ ଛାତିର ସ୍ତନ ପିଆଇ,
କୋଳରେ ଶୁଆଇ, ବୋକ ଦେଇ, ଗେଲ କରି
ନାନା ବାୟା ଗୀତ ଗାଇ, ରାଜା ରାଣୀ ଗପ କହି
ଯିଏ ସନ୍ତାନର ହସ କାନ୍ଦରେ ନିଜକୁ ଭୁଲିଥାଏ
ସେ ହିଁ ମା', ମମତାମୟୀ।

ରାତି ପାହୁ ପାହୁ ଛୁଆକୁ ଭୋକ ହେବଣି କହି
ଖଇ, ମୁଢ଼ି, ଉଖୁଡ଼ା କି ଚୁଡ଼ା ବେଲାରେ
ସିକାରୁ କାଢ଼ି ମଲା କ୍ଷୀର ପୋଷେ ଢାଳିଦେଇ
ଚିନି କି ଗୁଡ଼ ମେଞ୍ଚାଟିଏ ପକେଇ ଦେଇ
ଚୁପ୍ ଚାପ୍ ହାତରେ ଧରେଇ ଦେଇ
ଯିଏ ଆଦରରେ କହେ "ଯା, ଖାଇଦେ,"
ସେ ହିଁ ମା', ମମତାମୟୀ।

ସ୍କୁଲ୍ ଯିବା ଆଗରୁ ତରବରରେ
ପାଣି ବୋତଲରେ ପାଣି ଭରି
ସ୍କୁଲ୍ ବ୍ୟାଗ୍ ସଜାଡ଼ି, ଟିଫିନ୍ ଡବାରେ ନାନା ଖାଦ୍ୟ ଭରି,
ଜୋତା ପଲିସ୍ କରି, ସ୍କୁଲ୍ ୟୁନିଫର୍ମ ଇସ୍ତ୍ରୀ କରି,
ମୁଣ୍ଡ କୁଣ୍ଡେଇ, କ୍ରିମ୍, ପାଉଡର ଲଗେଇ
ଯିଏ ହାତଧରି ରିକ୍ସା କି ଅଟୋ କି କାର୍‌ରେ ବସେଇଦେଇ

ଗେହ୍ଲେଇ, ବୋକଦେଇ କହେ,
"ସ୍କୁଲ୍‌ରେ କାନ୍ଦିବୁନି, କାହାସହ କଳି କରିବୁନି,
ସବୁତକ ଟିଫିନ୍ ଖାଇଦେବୁ, ପାଣି ପିଇବୁ।"
ସେ ହିଁ ମା', ମମତାମୟୀ।
ବଡ ହେବା ପରେ ଅଝଟ ହେଲେ
ଏଟା, ସେଟା ଦରକାର ବୋଲି ଅଳି କଲେ
ବାପାଙ୍କୁ ନ ଜଣେଇ, କେଉଁଠୁ, କେମିତି ଯୋଗାଡ କରି
ହାତରେ ଯାହା ଦରକାର ଧରେଇ ଦିଏ,
କେବେ ଟଙ୍କା, କେବେ ଖାତା ବହି, କେବେ ନୂଆ ପୋଷାକ
ଯଦିଓ ତା'ର ଔଷଧ ପାଇଁ ନଥାଏ ପଇସା
କି ତା ଛିଣ୍ଡା ଚପଲ,
ଭଙ୍ଗା ଚଷମା ବଦଳେଇବା ପାଇଁ ନଥାଏ ଅର୍ଥ
ସେ ହିଁ ମା', ମମତାମୟୀ।

■

ମା' ତୁ ବସୁନ୍ଧରା

ମା' ତୁ ବସୁନ୍ଧରା
ତ୍ୟାଗ, ତିତିକ୍ଷା, ସ୍ନେହ, ପ୍ରେମର ପ୍ରତିମୂର୍ତ୍ତିଟିଏ
ହଳାହଳ ବିଷକୁ ହଜମ କରିବା ପରି ଶକ୍ତି ତୋର
ଜହ୍ନପରି ଶୀତଳ, ସାଗର ଠାରୁ ଗଭୀର ମମତା ତୋର
ନିଜକୁ ଠେଲି ଦେଇ ଅଗ୍ନିକୁ ରକ୍ଷାକରୁ ସନ୍ତାନକୁ
ଅସମ୍ଭବକୁ କରିପାରୁ ସମ୍ଭବ
ଧନ୍ୟ ତୁ ସର୍ବଂସହା ବସୁନ୍ଧରା,
ଧନ୍ୟ ତୋର ପ୍ରୀତିର ଅମୃତ ଧାରା ।

ଧନ୍ୟ ତା ଜୀବନ ଯିଏ
ବୁଝେ ତୋ ମହାନତା
କେବେ ଅଗ୍ନି ଠାରୁ ତେଜସ୍ୱିନୀ,
କେବେ ମୀରା ପରି ତପସ୍ୱିନୀ
କେବେ ଦୁର୍ବଳର ବଳ ମହିସ୍ମତୀ
କେବେ ଅଜ୍ଞାନର ଜ୍ଞାନ ସରସ୍ୱତୀ
ମା' ତୁ ପବିତ୍ର କରୁ ଏ ମହୀ
ତୁ ପାଳିତ କରୁ ସକଳ ଦେହୀ
ତୁ ସର୍ବଂସହା, କରୁଣାମୟୀ ।

କେବେ ଯଶୋଦା ପରି ମମତା ପସରା
ତ କେବେ ଦେବକୀ ପରି ତ୍ୟାଗ ଓ ଦୁଃଖରେ କସରା,
ତୁ ମାତା କୌଶଲ୍ୟା, କୈକେୟୀ, କୁନ୍ତୀ, ଗାନ୍ଧାରୀ,
ତୁ ଜିଜା ବାଇ, ପୁତୁଲି ବାଇ
ତୁ ମଦର ଟେରେସା, କସ୍ତୁରୀ ବାଇ
ତୁ ପ୍ରଭାବତୀ ଦେବୀ, ସରଳା ଦେବୀ, ରମାଦେବୀ
ଜନ୍ମ ଦେଇଛୁ ଅନେକ ସୂର ବୀର, ମହାତ୍ମା,
ତୁ ସର୍ବଂସହା, କରୁଣାମୟୀ ।

ତୁ ମୁଣ୍ଡେଇଛୁ ସ୍ୱାର୍ଥଲୋଭୀ ସନ୍ତାନର ଅପମାନ
ତୁ ହୋଇଛୁ ଅବହେଳିତା, ଲାଞ୍ଛିତା, ଅସହାୟା
ସହି ନେଇଛୁ ସନ୍ତାନଙ୍କ ସମସ୍ତ ଅଳି ଅର୍ଦ୍ଦଳି, ରାଗ ରୋଷ
ଆକାଶେ ବେଦନା ଛାତି ତଳେ ଦବେଇ
ସାଜିଛୁ ନିଶ୍ଚଳ, ନିଶ୍ଚୁପ୍ ପାହାଡଟିଏ ଜୀବନ ସାରା,
ତୁ ସର୍ବଂସହା, କରୁଣାମୟୀ ।

ମା' ତୁ ବସୁନ୍ଧରା
ତୃଷାର୍ତ୍ତ ଭୂମିଖଣ୍ଡେ ପରି ଶୋଷିନେଉ
ଯନ୍ତ୍ରଣାର, ହତାଶାର, ନିର୍ଯାତନାର
ଯେତେ ଯେତେ ଆଷାଢୀ ବାରିଧାରା ।

■

ଅନ୍ତର୍ମନରେ ମା’

ଯଦି କେବେ ତୁ ମନେପଡୁ
ଜକେଇ ଆସେ ଆଖିକଣ
ପ୍ରସାରିତ ଓଠ ହୁଏ ସଙ୍କୁଚିତ
ମନରେ ଭରିଯାଏ ଅବସାଦର ଲୁଣ।

କେତେ ସଜାଡି, ସାଇତି, ସମ୍ଭାଦି ରଖିଥିଲୁ
ତୋ ପଣତ ତଳେ ଆମ ସମ୍ମାନ, ଗୌରବ
ତୋ ବୁକୁ ତଳର ସ୍ପନ୍ଦନରେ, ସହସ୍ର ରକ୍ତ କଣିକାରେ
ଝରୁଥିଲା ପ୍ରାର୍ଥନାର ଅମୃତ ଝରଣାଟିଏ
ପ୍ରତିଟି ନିଶ୍ୱାସରେ ତୋର ନୈସର୍ଗିକ ମମତାର ମହକ।

ଆମେ କି ରଖିପାରିଲୁ ତୋ ସ୍ମୃତିକୁ
ସାଇତି, ସମ୍ମାନ ଦେଇ, ଶ୍ରଦ୍ଧାରେ ପିଣ୍ଡ ବାଢି ?

ମନେ ପଡେ ତୋ ହାତ ପାପୁଲିର ଫଟା ଦାଗ
ହାତ ସାରା ଗରମ ତେଲ ଛିଟାର ଜ୍ୱଳନର ସନ୍ତକ
ତୋ ଫଟା ଗୋଇଠିର, ଲଙ୍ଗଳା ହାତର ଯନ୍ତ୍ରଣା
ତୁ ଦିଶିଯାଉ ଅଲୁଗୁଣୀର କୁଞ୍ଚ ହୋଇଥିବା ଲୁଗାରେ
କଣରେ ଢେରା ହୋଇଥିବା ସଫା ଚଉଡା ସପରେ
ସେଇମାନଙ୍କ ପରି ସାରା ଜୀବନ ଢେରି ହୋଇ ରହିଥିଲୁ ତୁ

ଆମ କପାଳର ଦୁଃଖକୁ ଗଣ୍ଠି କରି ବାନ୍ଧି ନେଉଥିଲୁ
ନିଜ ମୁଣ୍ଡକୁ, ପଣତରେ ପୋଛି ଦେଉଥିଲୁ ଆମ କଳଙ୍କ।

ଯେବେ ମନେପଡେ ତୋର ପ୍ରଶାନ୍ତ, କମନୀୟ
ସ୍ନେହ, ପ୍ରେମମୟ ପରିବ୍ୟାପ୍ତ ଆକାଶ ପରି ଶାନ୍ତ ମୂର୍ତ୍ତି
ଅହଂକାର, ଅଭିମାନହୀନ ଆତ୍ମାଟି ତୋର
ହସ, ଲୁହ, କଷ୍ଟ, କୋହର ବହଳ କୁହୁଡିରେ
ଲୁଚି ଲେଖୁଥାଏ ଅନୁଭୂତିର ଅନୂଢା କବିତା
ଯାହାକୁ ପଢି ପାରିଥିଲେ ଆମେ ପାଇପାରିଥାନ୍ତୁ
ଜୀବନର ଜଟିଳ ସମସ୍ୟାର ସହଜ ଉତ୍ତର,
ହେଲେ ଏବେ ଖାଲି ଅନ୍ତର୍ମନର ଅନ୍ତଦାହଟିଏ ହୋଇ
ମହାଶୂନ୍ୟରେ ମିଳେଇ ଯାଉଛି ମୋ ଦୀର୍ଘଶ୍ୱାସ
ଆପେ ଆପେ ଯୋଡି ହେଉଛି ହାତ ଯୋଡିକ
କ୍ଷମା ମାଗୁଛି ତୋ ପାଖରୁ, ଈଶ୍ୱରଙ୍କ ପାଖରୁ।

■

ମାତା କୁନ୍ତୀଙ୍କ ବାଣୀ

ମା'ଙ୍କ ତୁଣ୍ଡ ନିସୃତ ବାଣୀରେ
ଚମକି ପଡିଲେ ପାଞ୍ଚାଳୀ
କେମିତି ଉଚ୍ଚାରିଲେ ଏ ବାକ୍ୟ ମାତା କୁନ୍ତୀ
ଅପତ୍ୟ ସ୍ନେହରେ ଅନ୍ଧ ନା ଅବିମୃଶ୍ୟ ?

ମା' କୁନ୍ତୀ ଅଜାଣତରେ ଉଚ୍ଚାରିଲେ
ଯେ ବାଣୀ, ତାହା ଆଦେଶ ପଞ୍ଚୁ ପାଣ୍ଡବଙ୍କ ପାଇଁ
ତାକୁ ଅମାନ୍ୟ କରିବାର ଦ୍ରୋହୀମନ ନାହିଁ ସେମାନଙ୍କର,
ମା' ଯେ ତେଜସ୍ୱିନୀ, ପ୍ରାସାଦର ସୁଖ ବର୍ଜି
ସେମାନଙ୍କର ସେବା ପାଇଁ ହୋଇଛନ୍ତି ଅରଣ୍ୟବାସିନୀ
ସେ ଜନନୀ, ଗରିୟସୀ ସ୍ୱର୍ଗଠାରୁ,
ତାଙ୍କ ଭାଷା ଶବ୍ଦ ନୁହେଁ ଭରସାର ବିଶ୍ୱାସ ।
ଅପତ୍ୟର ଦାୟରେ ନୁହେଁ ଆନ୍ତରିକତାରେ
ବାଣ୍ଟି ନେଲେ ପାଣ୍ଡବ ଭିକ୍ଷା ପରି ସୁନ୍ଦରୀ ସହଧର୍ମିଣୀ
ପାଞ୍ଚାଳୀ ହତ୍‌ବାକ୍, ଏ କ'ଣ ସ୍ୱୟଂବରର ପରାଭବ ?

ମାତା କୁନ୍ତୀ ହେଲେ ଚକିତା, ଚିନ୍ତିତା
କେଡେ ଭୁଲ୍ ବାକ୍ୟ ସେ ଉଚ୍ଚାରିଲେ ଅନ୍ୟମନସ୍କତାରେ
ନ ଦେଖି, ନ ଚାହିଁ ଆଶିଷ ବଦଳରେ
ଢାଳିଦେଲେ ଏ କି ଅଭିଶାପ ?

ମାତୃବାକ୍ୟ ନ ହେବ ଅନ୍ୟଥା
କହିଲେ ଶ୍ରେଷ୍ଠ ପଣ୍ଡୁପୁତ୍ର ଯୁଧିଷ୍ଠିର
ମାତାଙ୍କ ହୃଦୟୁ ନିସୃତ ବାଣୀ ନିର୍ମଳ ପବିତ୍ର ।

ଯାଜ୍ଞସେନୀ ବରିନେଲେ ପଞ୍ଚ ପତି
ଦୁର୍ବହ, ଦୁଃସହ ପରୀକ୍ଷାର ଅଗ୍ନିରେ ଝାସିଲେ ନିଜକୁ
ଜନ୍ମଦାତ୍ରୀ ମାତାଙ୍କ ଉଚ୍ଚାରିତ ବାଣୀ ଆଶୀଷର ଧାରା
ଭରିବ ଜୀବନେ ନିଶ୍ଚେ ବରାଭୟ, କହିଲେ ଧୂର୍ଜଟୀ
ପାପ ନୁହେଁ ଶୁଦ୍ଧତାରେ ପୂର୍ଣ୍ଣ ପଞ୍ଚମନ
ନିର୍ବିବାଦେ ଆଦରିଲେ ମାତା ବାଣୀ
ଅଗ୍ନିକନ୍ୟା ଯାଜ୍ଞସେନୀ ।

■

ସୈନିକର ମା'

ଥରଥର ଦୁଇ ହାତ ଯୋଡି ମୁଣ୍ଡିଆ ମାରିଲା
ବୁଢୀ ମା'ଟି
ଟିପରେ ଗଣିଲା ଆଉ କେତେଦିନ ରହିଲା
ପୁଅର ଫେରିବା ଦିନ,

ପୁନେଁଇରୁ ଅମେଇସା ଯାଏ ଆକାଶକୁ
ଜୁଳୁଜୁଳୁ କରି ଅନେଇଛି ଆଖି ଯୋଡାକ।

ଭୟ ଆଶଙ୍କାରେ ଛାତି ଭିତରେ ତୋଫାନ
କ'ଣ ଟିଭିରେ ଶୁଭୁଛି ଖବର ଘନଘନ
ଜଳିଗଲା ଗାଡି, ପୋଡିଗଲେ ଦଳେ ସୈନ୍ୟ
ଆତଙ୍କବାଦୀ ନା ମାଓବାଦୀ ନା ନକ୍ସଲ୍
କିଏ କାଳେ ଖଞ୍ଜିଥିଲା ବୋମା ରାସ୍ତାରେ।

ବାହାଘର ପାଇଁ ନିର୍ବନ୍ଧ ସରିଥିଲା
ସେଥର ଆସିଥିଲା ପୁଅ ଛୁଟିରେ ଯେ
ପାଇଲା ଖଣ୍ଡେ ତାର, ଡାକରା -
ପଳେଇଲା ତରବରରେ
ସୀମାନ୍ତରେ ଲାଗିଛି କାଳେ ଲଢେଇ
ପ୍ରତିଜ୍ଞା କରିଛି ସିଏ ରକ୍ଷା କରିବ ଦେଶ ମାତୃକାର।

ପୁଅ ଯିବାବେଳେ କହିଥିଲା -
ଫେରିବି ସୀମାନ୍ତରେ ଜାତୀୟ ପତାକା ଉଡେଇ
ନ ହେଲେ ଆସିବ ମୋ ଶବ ଜାତୀୟ ପତାକା ଗୁଡେଇ
ମା'ର ଲୁହ କୋହ, ଅନୁରୋଧ ଅଟକାଇ ନଥିଲା ତାକୁ
ସେ ଭାରତ ମା'କୁ ବଡ ମଣିଲା
ସ୍ୟାଲୁଟ୍ ମାରିଲା ଜାତୀୟ ପତାକାକୁ।

ଆଖିରେ ଲୁହର ନଦୀ, ବହୁଛି ଉଜାଣି
ବାହା ହୋଇ ନାହିଁ ସତେଇଶ ବର୍ଷୀୟା ଭଉଣୀ
ବୁଢା ବାପାର ବଳ ନାହିଁ କି ଧନ ନାହିଁ
ସଜାଡିବାକୁ ଭଙ୍ଗା ଘର କି ଭାଇ ଭଗାରିଆ କଳି
ଅନେଇ ବସିଛି ପୁଅ ଆସିଲେ ସଜାଡିବ ସଂସାର,
ଟିଭି ପରଦାରେ ପୁଅର ଛବି -
କାଠ ପାଲଟିଗଲା ବାପ
ମାଟି ବିଦାରି ଛାତି ଫଟେଇ ରଡି କରୁଥିଲା ମା'
କି ଦେଶ, କି ଜାତି, ରାଜନୀତି, କୂଟନୀତି ବୁଝେନା ମା'ଟି।

■

ହ୍ୱିଲ୍ ଚେୟାର ରେ ମା'

କଚେରୀର ଅଭିଯୋଗ ପ୍ରକୋଷ୍ଠରେ
ବଡ ବଡ ବାବୁଙ୍କୁ ସାମନା କରି
ହ୍ୱିଲ୍‌ଚେୟାରରେ ବସି
ନିଜ ପାଳିକୁ ଅପେକ୍ଷା କରିଥିବା
ମା' ଟି ଭାବୁଥିଲା;
"ଆହା ! ସମୟ କି ବଳବାନ୍ ସତରେ !
ନଦୀଟିଏ ପରି ବହି ଚାଲିଥାଏ ଦୂରନ୍ତ
ଅପେକ୍ଷା ନକରି କିଏ ଭାସିଗଲା, ବୁଡିଗଲା,
କେଉଁ ନାଉରୀର ନାବ ଓଲଟି ପଡିଲା
କି କାହାର କୂଳ ଛୁଇଁ ତଳେଇ ଛାଡି ଦେଲା ।"

ସମୟ ନଦୀର ସ୍ରୋତ ପଛକୁ ଫେରେନି ସତ
ସ୍ମୃତି ଫେରୁଥାଏ ବାର ବାର ଭଉଁରୀ ଖାଇ
କେତେ ଅଲିଅଳୀ, ଗେହ୍ଲେଇ ଝିଅ ଥିଲା ବାପାଙ୍କର
ମା'ର ଆଖିର ତାରା, ଗଳାର ମାଳା,
ସମୟ କୁଆଡେ ଅପନ୍ତରା ଦ୍ୱୀପକୁ
ବୋହିନେଲା ତା ଜୀବନ ନୌକାଟିକୁ ଯେ
ସମସ୍ତେ କହିଲେ, ସେ କୂଳରେ ଲାଗିଲା ।

ସମୟ ତାକୁ ବୁଝାଇ ଦେଲା,
ଦୁଇ କୂଳକୁ ହିତା ହେବାକୁ ଚାହିଁ
ଯେତେ ବିଡମ୍ବନାର ଝଡ ବାତ୍ୟାକୁ
ସମ୍ଭାଳି ସମ୍ଭାଳି
କନ୍ୟା, ପତ୍ନୀ, ଗୃହିଣୀ, ମାତା, ଶାଶୁ, ମାତାମହୀ
କେତେ ଚରିତ୍ରରେ ଅଭିନୟ କରି
ଅନ୍ୟମାନଙ୍କ ମନ ଚାହିଁ ବଞ୍ଚି,
ନିଜକୁ ଭୁଲି, ନିଜକୁ ମାଡି ମକଚି
ଏବେ ସେ ପାଲଟି ଯାଇଛି ସମସ୍ତଙ୍କ ପାଇଁ
ଅଲୋଡା ମୁଣ୍ଡିହୀନ ଟିଣ ଡବାଟିଏ,
ଗୋଇଠା ମାରି ଠେଲି ଦେଲେ ପୁଅ, ବୋହୂ
ସମ୍ପତ୍ତି ଉପରେ ଟିପ ମରେଇ ନେଲା ପରେ
ଜ୍ୱାଇଁ ପେଲି ଦେଲେ ରାସ୍ତାକୁ ।
ତା ପେଟର ଜ୍ୱାଳା ସମ୍ଭାଳିବ କିଏ ?
ଧବ ଧବଳିଆ ବାବୁମାନେ ତା ପେଜୁଆ ମୁହଁକୁ
ଶିରାଳ ଦେହ, ଖାଲି ହାତ ବେକକୁ ଚାହିଁ
ଠେଲି ଦେଲେ ତା ହ୍ୱିଲ୍ ଚେୟାର ଅଫିସ ବାହାରକୁ ।

■

ଜରାଶ୍ରମରେ ମା'

କେତେବେଳେ ଯେ ଭେଣ୍ଡା ପୁଅଟା
ମେଣ୍ଢା ପାଲଟିଗଲା,
ବୁଝି ପାରୁନଥିଲା ମା',
ନା ଥିଲା ବିରୋଧର ସାମର୍ଥ୍ୟ
ନା ଥିଲା ପୁରୁଷ ସୁଲଭ ଭାଷା ଗାମ୍ଭୀର୍ଯ୍ୟ।

ପୁଅ ପାଲଟି ଯାଇଥିଲା କାଠ ପୁତୁଳାଟିଏ
ବଡଲୋକୀର ଅହଂକାରର ବଳୟ ଭିତରେ
ମାତୃ ହୃଦୟର ମମତାର ମଧୁ ଚାଖି ନଥିବା
ସ୍ୱାର୍ଥପର ପତ୍ନୀର ଉଦ୍ଦଣ୍ଡ ତାଣ୍ଡବ ଆଗରେ
କାତର ବିକଳ କଣ୍ଢେଇଟିଏ ସ୍ୱୈଣ-ଅସହାୟତାରେ।

ମା' ବୁଝିଲା ପୁଅର ଅସହାୟତାର ପରିଭାଷା,
ମିନତି କଲା ପୁଅକୁ
"ତୋ ସୁଖୀ ସଂସାରରେ କଣ୍ଟା ହେବିନି ରେ ଧନ!
ମୋତେ ନେଇ ଛାଡି ଆ' ଜରାଶ୍ରମରେ
ଭାବିବୁ ମୁଁ ଅଛି ତୋ ବଡମାଉସୀ ଘରେ ଖୁସିରେ।"
ବଲବଲ କରି ପୁଅ ଚାହିଁଥିଲା ମା'ର ମୁହଁକୁ
ଅଶ୍ରୁସିକ୍ତ ନୟନରୁ ଝରି ଯାଉଥିଲା ଅନୁତାପର ଅଶ୍ରୁ।
ମାତୃ ଅବହେଳା ପାପର ପ୍ରାୟଶ୍ଚିତ ନାହିଁ,

ଅନ୍ତର୍ଦାହରେ ଜର୍ଜରିତ ପୁଅ ସଜାଡିଲା ମା'ର ବେଡିଂ ବାକ୍ସ
ମୁହଁପୋତି ଗାଡି ଚଳେଇ ପୁଅ ନେଇଗଲା ମା'କୁ ଜରାଶ୍ରମ
ଉଶ୍ୱାସର ନିଶ୍ୱାସ ଛାଡି ବୋହୂ ମୁରୁକି ହସୁଥିଲା
କୋଠାଘର ବାଲ୍‌କୋନିରେ।

ମା' ହାତଯୋଡି ଇଷ୍ଟଦେବତା ପ୍ରଣାମ କଲା
ଆଖି ପୂରେଇ ଦେଖିଲା ପୁଅର ଉଆସକୁ
କହିଲା, "ଧନରେ! ଝିଅଟିଏ ହେଲେ
ମୋ ପାଖକୁ ଅଣିବୁ ଦେଖେଇବାକୁ
ସେତିକିରେ ମୋ ଆତ୍ମା ସନ୍ତୁଷ୍ଟ ହେବ।"

ମନେ ପକାଉଥିଲା
ସ୍ୱାମୀଙ୍କ କଥାରେ ବାଧ ହୋଇ ନଷ୍ଟ କରିଥିବା
ଦୁଇ କନ୍ୟା ଭ୍ରୁଣକୁ,
ହୁଏତ ଏହି ନିର୍ବାସନ ହିଁ ତା'ର ପ୍ରାୟଶ୍ଚିତ।

■

ମା'ର ପରିଚୟ

ମା'; ଆମ ଫଟା ପାଦ ତଳିପାରେ
ଉଷୁମ ସୋରିଷ ତେଲର ଟୋପାଟିଏ
ମା'; ଧାରା ଶ୍ରାବଣରେ ଭିଜୁଥିବା
ଆମ ମଥା ଉପରର ଛତାଟିଏ
ମା'; ଆମ ଆତୁରିଆ ପ୍ରାଣର
ବାଙ୍ଗୁଆ କୋହର ଉଷ୍ମତାର ଧାପଟିଏ।

ମା'; ଆମ ଭୋଲିକା ପେଟର
ଡାକ ବୁଝୁଥିବା ପଖାଳ କଂସାଟିଏ
ମା'; ଆମ ଶୁଖିଲା ତଣ୍ଟିର
ଶୋଷ ନିବାରୁଥିବା ଥଣ୍ଡା ସରବତ ଗ୍ଲାସ୍‌ଟିଏ।

ମା'ଥାଉ ବା ନଥାଉ
ଅନୁଭବ କରିହୁଏ ତାକୁ
ଟିକେ ଗହୀରେଇ ଆତ୍ମାକୁ ଅଣ୍ଡାଳିଲେ।

ମା' ପାହାନ୍ତି ପହର
ଶିଶିର ଭିଜା ଶେଫାଳୀର ବାସ୍ନା ପରି ମହମହ
ମମତାର ଫୁଲଚାଙ୍ଗୁଡିଟିଏ।

ମା';
ନିସ୍ତବ୍ଧ ରଜନୀର
ପଣତ କାନିରେ ଗୁନ୍ଥା ଚାନ୍ଦିନୀ ପରି ଗହ ଗହ
ଆଶିଷର ପଣତକାନିଟିଏ
ମା';
ହଜିଲା ବସନ୍ତରେ
ପକ୍ୱ ଆମ୍ରର ସ୍ୱାଦିଷ୍ଟ ମଧୁରତା ଝରୁଥିବା
ସ୍ନେହମୟୀ ପ୍ରାଣଟିଏ।

ମା'; ସ୍ୱପ୍ନ ଭଙ୍ଗ ମୁହୂର୍ତ୍ତରେ
ସହସ୍ର କୁସୁମଝରା କୋମଳ ଶେଯଟିଏ
ମା'; ଜୁଆରିଆ ଜୀବନରେ
ମଙ୍ଗ ଧରି କୂଳକୁ ଆଣିବା ନାଆଟିଏ
ମା' ହିଁ ତ ସବୁ
ଆନନ୍ଦ, ଆଶ୍ୱାସନା, ନିରାଜନା।

■

ମା'ର ପରିଧି

କରୁଣା ଓ କାରୁଣ୍ୟର ପରିଧି ଭିତରେ
ନୀଳ ଲୋହିତ ବିନ୍ଦୁଟିଏ ମା'
ମମତା, ମଧୁରତା ଓ ଅପତ୍ୟର ତ୍ରିକୋଣଭୂମିରେ
ତ୍ରସ୍ତା ମଧୁମକ୍ଷୀଟିଏ
ଅବିରତ କର୍ମରତା ।

ମାୟା, ସଂସାର ଓ ଆଧ୍ୟାତ୍ମର ତ୍ରିଭୁଜ ଭିତରେ
ବନ୍ଦିନୀ ଏକ କୁଶଳ ସ୍ଥପତି ମା' ଟିଏ
ଗୃହିଣୀ, ପତ୍ନୀ ଓ ମାତାଧର୍ମ ପାଳୁଥିବା
ନିପୁଣା କଳାକାରଟିଏ
ବହୁଧା ଅବଦମିତା ।

ଦାମ୍ପତ୍ୟର ଗଙ୍ଗୋତ୍ରୀ ଧାରରେ
ଏକାଗ୍ର ଚିତ୍ତରେ ଭାସି ଚାଲିଥିବା
ନୌକାଟିଏ ମୋ ମା'
ପ୍ରେମର ଦୀପଶିଖାଟିଏ ଜଳୁଥାଏ ତା ତନୁରେ
ନାଉରୀକୁ ନଥାଏ ତା'ର ଅପେକ୍ଷା
ବିଶ୍ୱାସର ଅଝାଳ ତା'ର ଭରସା ।

ମୋ ଆଖିରେ, ମୋ ମନରେ
ମା' ତୁ ଏକ ଚିରସ୍ରୋତା ମନ୍ଦାକିନୀ
ଅସରନ୍ତି ମମତାର ପବିତ୍ର ଧାରା
ତୋ ତ୍ୟାଗର ମହିମାରେ ନଇଁପଡେ ଆକାଶ
ଜହ୍ନ ବି ଲୁଚିଯାଏ ମେଘ ତଳେ
ପବନର ବାଂଶୁରୀରୁ ଛୁଟି ଆସେ କୋମଳ ଗାନ୍ଧାର ।

■

ମା'ର ଋଣ

ମା' ଲୋ,
ଦେଖିନି କେବେ ମୁଁ ଈଶ୍ୱରଙ୍କୁ ସ୍ୱଚକ୍ଷୁରେ ସିନା
ତୋତେ ଦେଖି ଜାଣିଛି,
ତୁ ଈଶ୍ୱରଙ୍କ ପ୍ରତିମୂର୍ତ୍ତି, ଜୀବନ୍ତ, ପ୍ରାଣବନ୍ତ !

ଜନ୍ମ ଦେଇଛନ୍ତି ବୋଲି ଭଗବାନ କହନ୍ତି ସଭିଏଁ,
ମୁଁ ଜାଣେ ତୁ ତ ଜନ୍ମ ଦେଇଛୁ ମୋତେ
ପାଳିଛୁ ମୋତେ, ମୋର ପିତାଙ୍କ ସହ ଯୋଡି ହୋଇ
ଜୀବନର ହଜାରେ ଦୁଃଖ ଅଭାବ ସହ ସାଲିସ୍ କରି
ତିଳ ତିଳ କରି ନିଜକୁ ଜାଳି, ହଜାରେ ଓଷାବ୍ରତ କରି
ତୋ ସୌଭାଗ୍ୟର ଫଳ ଦେଲୁ ମୋତେ
ନିଜ ଭାଗ୍ୟକୁ ଶୂନ୍ୟ ଥାଳ କରି ।

ତୋରି ପାଦତଳେ
ମୁଁ ଅଜାଡି ଦେଉଛି ମୋର ପୂଜା ନୈବେଦ୍ୟ
ତୋରି କାନି ପଣତ ହିଁ
ମୋର ମଜବୁତ୍ ଛାତ
ତୋରି ନରମ କୋଳ ହିଁ
ମୋର ନନ୍ଦନ ପାରିଜାତ
ଶୁଝି ପାରିବି କି ତୋ ଋଣ କେବେ

ଗାଉଥିବି ତୋର ଗୁଣ ଯେତେ
ମୋ ପେଟରେ ଦାନା ଦେବାପାଇଁ
ଉପାସ ରହିଛୁ ତୁ,
ମୋ ସପନକୁ ରଙ୍ଗରେ ସଜେଇବା ପାଇଁ
ଅନିଦ୍ରା ରହିଛୁ ତୁ।
ବଡ ହେଲି, ବହୁତ ଉପରକୁ ଗଲି
ଧନ କମେଇଲି, କୋଠା ବାଡେଇଲି
ତୋ ଆଖି ଲୁହ ପୋଛି ପାରିଲିନି,
ତୋ ମନ ତଳ ବ୍ୟଥା ସାଉଁଟି ପାରିଲିନି
ଲୁଚାଇ ଛପେଇ ନିଜ ବୁକୁତଳର ଦରଜ, ଯାତନା
କେତେବେଳେ ଖସି ପଳେଇଲୁ ଏ ସଂସାରରୁ
ମୁଁ ସେତେବେଳେ ଯାଇ ବୁଝିଲି
ଆହା, ମା' ମୋର ଜନ୍ମଦାତ୍ରୀ, ରକ୍ଷାକର୍ତ୍ତ୍ରୀ,
କି ଅପଦାର୍ଥ ହୋଇ ଗଢା ହୋଇଥିଲି
ପରକୁ ଆପଣା କଲି, ତୋତେ ପର କରିଦେଲି,
ଶୁଝି ପାରିନି, ପାରିଲିନି ତୋ ମମତାର ଋଣ
ଏବେ ଖାଲି କବିତାରେ ଗାଇବି ତୋ ଗୁଣ।

■

ମା'ର ସ୍ମୃତି

ଯେତେ ଆକଟ କରି ବୁଝେଇଲେ ବି
ଆପେ ଆପେ ଲମ୍ବିଯାଏ ମନ ମୋର
ତୋର ସେଇ ନଡାଚାଳ ଛପର ଥିବା
ମାଟି କୁଟୀରର ଶୀତଳ ଛାଇକୁ
ମା',
ଦିଶିଯାଏ ତେନ୍ତୁଳି, ଆମ୍ବ, କମଳା ଗଛର
ଝୁଲୁଥିବା ଡାଳ
ପୋଖରୀର ଟିକି ଟିକି ଭଉଁରୀରେ
ଭାଙ୍ଗି ଯାଉଥିବା ଗଛ ଛାଇକୁ ନିରେଖିବା,
ମନ ପକ୍ଷୀ ବସିଯାଏ ଅଗଣାର ଖଟିଆ ଉପରେ
ଦେଖିବାକୁ ଜହ୍ନ ସଙ୍ଗେ ଭସାବାଦଲର ଲୁଚକାଳି ଖେଳ।

ଯେତେ ଚେଷ୍ଟା କରି ଲମ୍ବେଇଲେ ବି
ହାତ ଛୁଇଁ ପାରେନା ଆଉ
ତୋର ରୂପାମୁଦି ପିନ୍ଧା ଶିରାଳ ପାପୁଲି କି ଆଙ୍ଗୁଳିକୁ
ମା'
ମନେ ପଡିଯାଏ ମିଟିମିଟି ଆଖିଥିବା ରବର କଣ୍ଢେଇଟିଏ
ଜକେଇ ଆସେ ଲୁହ ଆଖିରେ
ମୁଁ ଏବେ ସେଇ ରବର କଣ୍ଢେଇ
ଚାବିଦିଆ, ଗୋଡ ଖଣ୍ଡିଆ,

ମନ ହୁଏ, ଥରେ ଆଉଁସି ଦିଅନ୍ତୁନି ତୁ
ହୃଦୟ ପାଲଟି ଯାଆନ୍ତା
ଶ୍ୟାମଳ ଉପବନ ଘେରା କୁଳୁକୁଳୁ ନଈଟିଏ ।

ଯେତେ ଅଟକେଇବାକୁ ଚେଷ୍ଟା କଲେ ବି
ଗଡିଆସେ ଟୋପାଟୋପା ଲୁହ ଗାଲ ଉପରକୁ
ପୁରୁଣା ସ୍ମୃତି ସବୁ ମୋଡିମାଡି ଉଠନ୍ତି ଶେଯରୁ
ଶୁଭିଯାଏ ବାଡିପଟ ବେଲେଇ ଆମ୍ବଶାଖାରୁ
କୋଇଲିର ଅଝଟିଆ କୁହୁ,
ମନ ହୁଏ ଉଠିପଡି ଧାଇଁବି ତା ଆଡକୁ -
ଖତେଇ ହେବି ତାକୁ "କୁ - କୁ - " ଡାକି
ମା' ତୁ ଧାଇଁ ଆସିଲୁ ମୋ ପଛରେ
କାଳେ ଦୈବାତ୍ ପଡିଯିବି ବୋଲି
ଅଥାବୁଡିଟା ମୁଁ, ଓଲୀଟା, ହୁଣ୍ଡୀଟା -
ଏବେ ଭାବୁଛି ଉଡିଯିବି ଗୁଡିଟିଏ ହୋଇ
ତୋ ପାଖକୁ
କି ମେଘ ଖଣ୍ଡକ ଉପରେ ସବାର ହୋଇ
କି ଉଡନ୍ତା ଥାଳିଆଟେ ହୋଇ,
ଜାଣେ କେହି ଛୁଇଁ ପାରିନାହାନ୍ତି ସେ ଶୂନ୍ୟକୁ
ଯେଉଁଠି ତୁ ଲୁଚିଯାଇଛୁ
ଘୂରୁଛୁ ବୋଧେ ବିଶ୍ୱ ବ୍ରହ୍ମାଣ୍ଡରେ ତାରାଟିଏ ହୋଇ ।

ମୁଁ ଡାକୁଛି,
ଥରେ ଓହ୍ଲେଇ ଆସି ଦେଖ୍ ମୋତେ,
ମୁଁ ଏବେ ମେଘ ଓଢଣୀ ଘୋଡେଇ
ଧାଇଁଛି ଇନ୍ଦ୍ରଧନୁକୁ କାଖରେ ଜାକିବି ବୋଲି ।

■

ମା'ର ଛବି

ଏବେ ମନେ ପକେଇଲେ ମା'ର ଛବି
ଆଖି ଆଗରେ ଭାସି ଉଠେ ଏକ ନିଟୋଳ ଛବି
ବାଙ୍ଗିରୀ, ଜହ୍ନି ଫୁଲ ପରି ଗୋରୀ, ସୁନ୍ଦରୀ,
ଦୁର୍ବଳ ଶରୀରା, ଚଞ୍ଚଳ ଚାଲି, ଅଳପ କଥା
ପାନଖିଆ ରଙ୍ଗୀନ୍ ଓଠରେ ହସ ହସ ଭାବ
ସରୁ ଓଢଣା ତଳେ ଧାରମୁହଁଟି ଦିଶୁଥାଏ
ସଞ୍ଜୀବତୀ ପରି ପବିତ୍ର
ସେ ମୋ ମା', ସାଧାରଣ ପୁଣି ଅସାଧାରଣ।
ମୋ ମା' ନୁହେଁ ରାଜାଘର ଝିଅ
କି ସୌଦାଗରର ଅଲିଅଳୀ ପୁତ୍ରୀ
ମା' ମୋର ଜଣେ ପଣ୍ଡିତଙ୍କର ଗେହ୍ଲେଇ କନ୍ୟା
ନଅ ବର୍ଷରେ ବାହା ହୋଇ
ବାର ବର୍ଷରେ ଆସିଥିଲା ଶ୍ୱଶୁର ଘର,
ଆଜନ୍ମା ରୋଗୀ ଶାଶୁ, ବଦ୍‌ରାଗୀ ଶ୍ୱଶୁର
ମୃତ ଦାର ଦେଢଶୁର, ନଟଖଟିଆ ଦିଅର
ଆଉ କଳିମୁଣି ଧରି ବୁଲୁଥିବା ନଣନ୍ଦମାନଙ୍କ
ମେଳରେ ଢିଙ୍କି କୁଟି, ଭାତରାନ୍ଧି, ଘର ସମ୍ଭାଳି
ପିଲା ବୟସରେ ମା' ହେବାର ଦାୟିତ୍ୱ ନେଇଥିଲା
ସେ ମୋ ମା', ସାଧାରଣ ପୁଣି ଅସାଧାରଣ।

ପଛକୁ ଫେରି ଚାହିଁଲେ ଦିଶିଯାଏ
ସକାଳୁ ଘର ଦୁଆର ଲିପି ପୋଛି
ଝୋଟିଚିତା ପକଉଥିବା,
ବାଲ୍‌ଟି ବାଲ୍‌ଟି ପାଣି ଢାଳି ନାଳ ସଫା କରୁଥିବା,
ଧାନ ଉଁସେଇ, ଶୁଖେଇ, ଅମାରରେ ରଖୁଥିବା
ଚାଉଳକୁ କାଣ୍ଡି, ପାଛୁଡି, ବାଛିବୁଛି ଡୋଲିରେ ପୂରଉଥିବା
କଳସୀ କଳସୀ ପାଣି ପୋଖରୀରୁ ଉଠେଇ
ଶାଗ କିଆରୀ, ଜହ୍ନି, କାକୁଡି ମଞ୍ଚା, ବାଇଗଣ ବାଡିରେ ଢାଳୁଥିବା
କଷ୍ଟା ଲୁଗା ଗୁଡେଇ ହେଇଥିବା ନାରୀଟିଏ
ସୀମନ୍ତରେ ଦାଉ ଦାଉ ସିନ୍ଦୂର ବିନ୍ଦୁରେ
ଦେବୀ ପରି ଦିଶୁଥିବା, ଶ୍ରମ ଓ ତ୍ୟାଗର ମୂର୍ତ୍ତିଟିଏ
ସେ ନୁହେଁ କେବଳ ମୋ ମା' ସାଧାରଣ ପୁଣି ଅସାଧାରଣ।

ମାତୃତ୍ୱର ଭାରି ଦାୟିତ୍ୱ ମୁଣ୍ଡେଇଥିବା ଏକ କାୟା
ସେ ତ ସବୁ ମା'ମାନଙ୍କ ଛବିର ଏକ ଛାୟା।

■

ମା' ର ମହିମା

କେଉଁ ଭାଷାରେ, କେଉଁ ସ୍ୱରରେ
ଗାଇବି ମା'ର ମହିମା ?
ଅଛି କି ମୋ ମନ ତୂଣୀରରେ ସେ ଶବ୍ଦ ?
ଅଛି କି ମୋ ହୃଦୟ ବେହେଲାରେ ସେ ନାଦ ?

ମା' ର ମହିମା ଅପାର
ନାହିଁ ତା'ର କଳନା, ନାହିଁ ତା'ର ତୁଳନା ।

ମା' ବହୁରୂପିଣୀ;
ନାରୀ ରୂପୀ ନାରାୟଣୀ
ପତ୍ନୀ ରୂପୀ ସୋହାଗିନୀ
ପ୍ରେମିକା ରୂପୀ ମାୟାବିନୀ
ବଧୂ ରୂପୀ ମନ୍ଦାକିନୀ
କନ୍ୟା ରୂପୀ ସୌଦାମିନୀ ।

ମା',
ଆଶ୍ୱିନ ଉଷାର ନିର୍ମଳ ସରସୀର ପଦ୍ମଟିଏ
କୋରକରେ ମମତାର ମଧୁର ପରାଗ,
ମା',
ଗଭୀର ନିଶାର କଜ୍ଜଳ କବରୀର ତାରାଟିଏ

ଟିମ୍ ଟିମ୍ ତା ଆଖିର ଆଲୋକରେ ସ୍ପଷ୍ଟ ଦିଶେ ପଥ।
ମା',
ସେବା, ଭକ୍ତି, ପ୍ରେମର ଦିଆରେ ଭାସୁଥିବା ନାବଟିଏ।

ମା'
ସୀତା ପରି ସତୀ ହେଉ କି ନ ହେଉ
ଗଙ୍ଗା ପରି ପୂତା, ପବିତ୍ରା,
ମା'
ସାବିତ୍ରୀ ପରି ଧନ୍ୟା ହେଉ କି ନ ହେଉ
ସେବା ଭାବର ମହିମାରେ ନର୍ମଦା ସିଏ
ମା'
ଶକୁନ୍ତଳା ପରି ସୁନ୍ଦରୀ ହେଉ କି ନହେଉ
ସରଳ, ସୁକୁମାର ସୌନ୍ଦର୍ଯ୍ୟର ଶୁଭ୍ରା ମଲ୍ଲୀକାଟିଏ
ମା'
ରାଧା କି ମୀରା ପରି
ପ୍ରେମ ଭକ୍ତିର ଗାଗରୀ ହେଉ କି ନ ହେଉ
ସ୍ନେହମୟୀ, ତ୍ୟାଗମୟୀ, ଝରଣାଟିଏ।

■

ମା'ର ଆଶିଷ

ମା'ର ଆଶୀଷ ବଜ୍ରଠାରୁ ବଳି
ହୃଦୟ କରୁଣା ସାଗର
ଓଠରେ ଯାହାର ସ୍ନେହଭରା ବାଣୀ
ନୟନେ ମମତା ଧାର।

ସନ୍ତାନଙ୍କ ସୁଖ ତା ଜୀବନ କାମନା
ଢାଙ୍କି ରଖେ ପଣତରେ,
ଆସୁ ଝଡ ଝଞ୍ଜା, ବିପଦ ଆପଦ
ସାହା ସିଏ ସବୁବେଳେ।
କୋଳଟିରେ ଯା'ର ସଂସାର ଯାକର
ସୁଖ, ସୁରକ୍ଷା ମିଳଇ
ଭୂମିଠାରୁ ଭୂମା ବ୍ୟାପ୍ତ ସତ୍ତା ଯାର
ସର୍ବଂସହା ମାତା ସେହି।

ସକାଳ ଆଗରୁ ଉଠିପଡି ଭୁଲି
ନିଜ ନିତ୍ୟକର୍ମ ମାନ
ଲାଗି ପଡିଥାଏ ସ୍ୱଚ୍ଛ କରିବାକୁ
ଘର, ଅଗଣା, ବାସନ।

ଖଟୁଥାଏ ସଦା ସିଝି ଚୁଲି ମୁଣ୍ଡେ
ତୁଣ୍ଡେ ଦେବାପାଇଁ ଦାନା
ଅବିଶ୍ରାନ୍ତ ବୋହି ଚାଲିଥାଏ ସିଏ
ସ୍ନେହ ଝରଟିଏ ସିନା ।

ପର ଆପଣାର ଭାବ ନଥାଏଟି
ସଭିଙ୍କୁ ଦିଏ ଆଶୀଷ
"ସୌଭାଗ୍ୟବତୀ ଓ ସୁଖୀ ହୁଅ"
କହି ଢାଳିଦିଏ ଶୁଭାଶୀଷ ।

ମାତାଙ୍କ ଚରଣେ ଦଣ୍ଡବତ କଲେ
ମିଳେ ଯେଉଁ ଆତ୍ମାନନ୍ଦ
ମାତାଙ୍କ ଆଶୀଷ ବଳରେ ମିଳଇ
ଜଗତ ଜିଣିବା ମନ୍ତ୍ର ।

ମା'ର ଜୀବନ

ମା'ର ଜୀବନ କାହାଣୀର
ପ୍ରତି ପଦ, ପ୍ରତି ପରିଚ୍ଛଦ ଆମେ
ମା'ର ଜୀବନ ତ କେବଳ ଆମେ
ତା'ର ସନ୍ତାନ ସନ୍ତତି, ଘର ପରିବାର।

ମା' କେବେ ଆକାଶ ବୋଲି କିଛି
ଅଛିକି ନାହିଁ ଦେଖେନାହିଁ,
ଆମେ ହିଁ ତା'ର ଆକାଶ,
ତା ପାଇଁ ଆକାଶର ନୀଳିମା ଆମର ସ୍ୱପ୍ନ
ତା ପାଇଁ ଆକାଶର ମେଘ ଆମର ଦୁଃଖ
ଆମ ଆଖିରୁ ଝରି ପଡିଲେ ଲୁହ
ମା'ର ଆୟତ ନୀଳ ଆଖିର ଆକାଶରୁ
ବୋହିଯାଏ ଧାର ଧାର ଶ୍ରାବଣର ଧାରା।
ମା' କେବେ ନଦୀ-ସମୁଦ୍ର-ହ୍ରଦ ବୁଲିଯାଏ ନାହିଁ,
ଆମେ ହିଁ ତା'ର ପାର୍କ, ମନ୍ଦିର, ତୀର୍ଥ ସବୁ କିଛି,
ଆମ ଶରୀର ସୌନ୍ଦର୍ଯ୍ୟ ତା ପାଇଁ ନନ୍ଦନକାନନ
ଆମ ହୃଦୟର ଆନନ୍ଦ ଲହରୀରେ
ସେ ଅନୁଭବ କରେ ନଦୀର ଛଳଛଳ ପ୍ରବାହ
ଆମ ଜୀବନର ଉଠା ପଡା, ଧାଁ ଦଉଡା, ଭିଡା ଛିଡାରେ
ସେ ଦେଖିପାରେ ଉତ୍ତାଳ ସାଗରର ଲହରୀମାଳାର ଉଦଣ୍ଡ ନୃତ୍ୟ।

ଆମେ ହିଁ ମା'ର ଜୀବନ କାହାଣୀ
ଆମେ ହିଁ ମା'ର ସପନ ସଙ୍ଗୀତ
ଆମେ ହିଁ ମା'ର ସବୁ କିଛି
ଆମର ଭୋକ, ନିଦ, ମମତା
ଆଶ୍ୱାସ, ନିଶ୍ୱାସ, ସବୁରେ ମା।

ତା'ର ନିଜର ବୋଲି କିଛି ନଥିଲା କି ନାହିଁ
କିଛି ମୋର ବୋଲି ଦାବି କରିନାହିଁ ସେ କେବେ
କେବଳ ଆମ ଛଡା।

■

ମା'ର ସଂଗ୍ରାମ

କୁମ୍ଭାଟୁଆର ରାବଟା ସତେକି
ସାଇରନ୍‌ର ଡାକଟିଏ ମା'ଟି ପାଇଁ,
ଜୀବନ ସଂଗ୍ରାମକୁ ଓହ୍ଲେଇବାର
ପେଟ ଦାଉକୁ ସମ୍ଭାଳିବା ଚେଷ୍ଟାର।
ପାଦ ପଛେ ଘୋଷାଡି ହେଉ
ଝାଳ ସଙ୍ଗେ ବୋହିଯାଉ ରକ୍ତ
ଆଖି କୋରଡରୁ ବାମ୍ଫ ଜମିଯାଉ
ଆଶା ସବୁ ଦଦରା କାଗଜ ଗୁଣ୍ଡପରି ଝରିପଡୁ
ସେ ଚାଲିବ, ନହେଲେ ଧାଇଁବ
ଧୁକୁଧୁକୁ ସୁକୁ ସୁକୁ ହୋଇ ନୁହେଁ
ଚାଲିବ ସାଏଁ ସାଏଁ, ଧାଏଁ ଧାଏଁ ରକେଟ୍ ମାଫି।

କଅଁଳ ତରୁଣୀ ବଅସରେ
ପେଟରେ ବୀଜଟିଏ ବଢ଼ିଲା ବେଳଠୁଁ
କେତେ ଯେ ସଂଗ୍ରାମ କରନ୍ତି ମା' ମାନେ
କେତେ ଆଶା, ସ୍ୱପ୍ନ, ପ୍ରେମ, କ୍ରୋଧ, ଈର୍ଷା
କାମନା, ବାସନା, ବିକଳ କ୍ରନ୍ଦନ, ଯାଚଞ୍ଚା
ମାଗୁଣି ପରେ ମାଗୁଣି, ଗୁହାରି ପରେ ଗୁହାରି
ଜୀବନ ରୂପକ ବାଇଶି ପାହାଚ ଯେ ରହସ୍ୟରେ ଭରା।

ମା' ମାନଙ୍କ ସଂଗ୍ରାମର ରୂପ ଅନେକ,
କିଏ ଶାଗ ବାଛୁ ବାଛୁ ଜପୁଥିବ ହରିନାମ
କିଏ ତୁଳସୀ ମୂଳରେ ପାଣି ଢାଳି
ଗୁଣୁଗୁଣେଇ ହେଉଥିବ ଗୁହାରି
କିଏ ଜହ୍ନ ଦେଖେଇ
ଦୁଧ ଭାତ ଖୁଆଉଥିବ କଅଁଳ ଛୁଆକୁ
କିଏ ନିଜ ଚାପା ଗରମ ନିଶ୍ୱାସର ଧାସରେ
ଜଳୁଥିବ, ଭାଳି ହେଉଥିବ ବିଦେଶୀ ପତିଙ୍କୁ
ନହେଲେ କଅଁଳା ଶିଶୁସହ
ତାକୁ ଛାଡି ଚାଲିଯାଇଥିବା ମିଣିପଟିକୁ।
ଖୋଲା ଆକାଶ ପରି ହସ ବିଞ୍ଚୁଥିବା ଓଠ ତଳେ
କୋହ କୋହ ହୋଇ ମରି ଯାଉଥିବ ହରିଣୀଟିଏ,
କିଏ ବୁଝିବ ଅବା ସୁଝିବ ମା' ମାନଙ୍କ ସଂଗ୍ରାମର ଋଣ
ସେମାନଙ୍କ ଜଙ୍କ୍ ଲଗା ମନ ସିନ୍ଦୁକ ତଳ ବେଦନା ?
କିଏ ଦେବ ମୂଲ୍ୟ
ସେ ବିରାମହୀନ ଜୀବନ ସଂଗ୍ରାମର ?

■

ମା'ର ସାଧନା

ମା'
ସଞ୍ଜବତୀ ପରି ଦିକି ଦିକି ଜଳୁଥିବା ମନଟିଏ
ସନ୍ଧ୍ୟାର ଅନ୍ଧାକାରରେ ଆଣ୍ଠୁପାତି, ହାତଯୋଡି
ବେକରେ ପଣତ ଗୁଡେଇ ଆଶିଷ ମାଗୁଣି କରୁଥାଏ ସିନା,
ନାଲି କସ୍ତା ଶଂଖା, ସିନ୍ଦୁରର ମାୟାରେ ଆବୃତ
ତା ଦେହଟି ତୁଳସୀ ପତ୍ରଟି ପରି ଶୁଖି ଶୁଖି ଯାଉଥାଏ ।

ମା'
ଉଷୁମ ନିରାପଦ ଡେଣାର ଛାୟାଟିଏ
ସନ୍ତାନର ସୁଖ ନିଦ ପାଇଁ
ମେଲେଇ ଦେଇଥାଏ
ସଜ ବିଛଣା, ମମତାର ତକିଆ
ତା ଆଖିରେ ନଥାଏ ନିଦ, ସ୍ୱପ୍ନ କି ବିଭୋରତା
ବାରଣ୍ଡା ଉପରେ ସପଖଣ୍ଡିକ ପାରି ଜଗିଥାଏ ବଢନ୍ତା ଝିଅକୁ
ରିଷ୍ଟ, ଅନିଷ୍ଟକୁ ବହଳ ଧାନ କିଆରୀରୁ ଚଢେଇ ହୁରୁଡେଇବା ପରି
ମା ମଙ୍ଗଳାଙ୍କୁ ମନେ ମନେ ମନାସୁଥାଏ,
ଖଣ୍ଡିତ କରିବାକୁ ତା ପିଲାଙ୍କ ସବୁ କଷ୍ଟ, ଯାତନା, ଅସଫଳତା ।
ମା'
ଅନ୍ତଚିରି ମଧୁ ନିଗାଡି ସନ୍ତାନର ଜୀବନକୁ
ମଧୁମୟ କରିବାକୁ ନିଜକୁ ନିଗାଡୁଥିବା ଫେଣାଟିଏ

ସବୁ ସହିଯାଏ, ଘର ଜଞ୍ଜାଳ, ମାନ, ଅଭିମାନ, ଅପମାନ
ପିଲାଙ୍କ ଭୋକ ଶୋଷର ତୁଣ୍ଡରେ
ମୁଠେ ଦାନା, ଆଞ୍ଜୁଳେ ଜଳ ଦେବାକୁ
ତା ଛାତିରୁ ଶିର୍ ଶିରେଇ ବୋହି ଆସେ କ୍ଷୀର,
ତା ଭାତ ହାଣ୍ଡିରେ ଗବ୍ ଗବ୍ ହେଉଥାଏ ଆମ ଜୀବନ
ଲାଗେ ଆମପାଇଁ ଦେବୀଟିଏ ସିଏ,
ଯେବେ ଓଷା, ବ୍ରତ କରି ଆମକୁ ଆଶିଷ ଦିଏ,
ଖୁଆଇ ଦେଇ ଭୋଗ କଦଳୀଟେ କି କ୍ଷୀରି, ପିଠା।

ମା'
ଆକାଶ ପରି ଲମ୍ବିଥିବା ପଣତକାନିଟିଏ
ଯାହାକୁ ଘୋଡେଇ
ସୂର୍ଯ୍ୟ, ଚନ୍ଦ୍ର, ତାରାଙ୍କୁ ବେଖାତିର୍
କରି ପାରୁଁ ଆମେ
ବାଦଲକୁ ଡାକି ପାରୁଁ ନେବା ପାଇଁ ପିଠିରେ ଲାଉ କରି
ବିଜୁଳି, ଘଡଘଡିକୁ ଲାଗେନା ଡର
କାରଣ ତା ସାହସର ଅଗ୍ନିକଣାରେ
ଦୀପ୍ତ କରିଥାଏ ସେ ଆମକୁ
ଆମ ପ୍ରାଣରେ ବିଜୟର ମସାଲ୍ ଜଳାଇ
ନିଜେ ଜଳିଯାଏ ଅଙ୍ଗାରଟେ ପରି।

■

ମା'ର ପଣତକାନି

କେଡେ ଦୁର୍ମୂଲ୍ୟ ମା'ର ପଣତ କାନି
କିଏ କରିପାରିବ ତା'ର ମୂଲ୍ୟାଙ୍କନ ?

ବାଲ୍ୟକାଳୁ ବାର୍ଦ୍ଧକ୍ୟ ଯାଏଁ
ସନ୍ତାନ ସନ୍ତତିଙ୍କ ପାଇଁ
ନିର୍ଭୟ ଆଶ୍ରୟସ୍ଥଳୀଟିଏ ସେ,
ସବୁ ପୀଡା ହରଣ କରିପାରେ
ଦେହରେ ଘୋଡେଇ ଦେଇ,
ସବୁ ବିପଦକୁ ଆଢୁଆଳ କରିପାରେ
କବଚଟିଏ ହୋଇ
ସବୁ ଜୟ ବିଜୟରେ ଫର୍ ଫର୍ ଉଡେ
ଗର୍ବର ପତାକା ହୋଇ।

ମା'ର ପଣତ କାନି
କେବେ ପାଲଟି ଯାଏ ରୁମାଲ୍‌ଟିଏ
ପୋଛିଦିଏ ଆଖିର ଲୁହ
ଝାଡିଦିଏ ଧୂଳିଧୂସରିତ ଦେହ
ପାଲଟି ଯାଏ ସେ ଖଣ୍ଡେ ବ୍ୟାଣ୍ଡେଜ୍ କନା
ଯେବେ ସନ୍ତାନର କ୍ଷତରୁ ଝରେ ରୁଧିର
କେବେ ପାଟିରେ ଗୁଡେଇ ହୋଇ
ଚାପିଧରେ ବୁକୁରେ ଯେବେ ଉଠେ କୋହ।

ସେଇ ପଣତ ପାଲଟିଯାଏ ଚଦରଟିଏ
ଶୀତରେ ଥୁରୁଥୁରୁ ଦେହକୁ ଘୋଡେଇ
ଗୋଡେଇ ଦିଏ ଶୀତକୁ
କେବେ ଅପମାନ, ଅସମ୍ମାନର ନଗ୍ନତାକୁ
ଢାଙ୍କି ପକାଏ ବିକଳରେ
କେବେ ଲୋଟିଯାଏ ରାସ୍ତାର ଧୂଳିରେ
କି ଭଙ୍ଗା କୁଟୀର ବାରଣ୍ଡାରେ
ସଜେଇ ଦିଏ ମମତାର
ତୂଳିତଳ୍ପ ଶଯ୍ୟାଟିଏ ସନ୍ତାନ ପାଇଁ,
କେବେ ପୁଣି ଭିଡି ହୋଇଯାଏ
ପିଠିରେ ଶିଶୁର ନିର୍ଭୟ ନୀଡ ହୋଇ
ଆଉ କେବେ ମୁଚୁଳା ହୋଇ ବସେ
ମୁଣ୍ଡରେ ଥୋଇବାକୁ କଳସୀ
ବୋଝ, ଇଟାଥାକ କି ସାରାଦିନ
ଶ୍ରମ ପାଇଁ ସାଇତା ଭାତ ତୁଣର ଝୋଲା।
ମା'ର ପଣତ ସ୍ଥଳ ବିଶେଷରେ ବି
ପାଲଟି ଯାଏ ଭିକ୍ଷା ଥାଳିଟିଏ
ମେଲେଇ ହୋଇଯାଏ ବାବୁଘର
ଚାଉଳ କି ମୁଢି ଗଣ୍ଡେ ପାଇଁ,
ଭୋକରେ ଅପେକ୍ଷାରତ ସନ୍ତାନର
ଆତୁର ପେଟଚାଖଣ୍ଡକ ପାଇଁ।

■

ମା'ର କାଳିଆ ଭକ୍ତି

ଧନ୍ୟ ତୋ କାଳିଆ ଭକ୍ତି ମା'
ଧନ୍ୟ ବି ସେ ପ୍ରଭୁ, ଧନ୍ୟ ଆମେ
ପାଇଛୁଁ ସେ ଭକ୍ତିର ପ୍ରସାଦ।

ମୁଣ୍ଡରେ ମାରୁ ତୁ ବଡଦାଣ୍ଡର ଧୂଳି
ଜଗନ୍ନାଥ ସଡକର ବାଲି,
ତା ଉପରେ ପଡିଥାଏ ପରା
ସାଧୁ ସନ୍ଥ, ତୀର୍ଥ ଯାତ୍ରୀ, ଯୋଗୀ ପୁରୁଷଙ୍କ ପାଦ
ତୋ ପାଇଁ ନମନ୍ୟ ଯେ ସେମାନେ ସମସ୍ତେ
ତ୍ୟାଗୀ, ଭୋଗୀ, ଯୋଗୀ -
ଯାହା ହୃଦୟରେ ଅଛି ଜଗନ୍ନାଥ ଭକ୍ତି
ସମସ୍ତେ ଜଗନ୍ନାଥ ସ୍ୱରୁପ।

ସମୁଦ୍ର କୂଳ ପହଞ୍ଚିବା ମାତ୍ରେ
ଦେହରେ ମୁଣ୍ଡରେ ଛିଞ୍ଚି ହେଉ ଲୁଣିପାଣି
ସେ ପରା ଜଗନ୍ନାଥଙ୍କ ଶ୍ୱଶୁର ଘର
ବରୁଣ ରାଜାଙ୍କ ନଅର
ଅନନ୍ତ ନାଗ ପଲଙ୍କ ଉପରେ ଶଯ୍ୟା ପାତି
ଶୋଇଥାନ୍ତି ବିଷ୍ଣୁ ପରଂବ୍ରହ୍ମ ପରାତ୍ପର।

ତୀର୍ଥ ଭୂମି ପୁରୀ ବଡଦେଉଳର
ବଡନେତ ଦୂରରୁ ଦେଖି ମାରୁ ମୁଣ୍ଡିଆ
ସେ ପରା ପତିତପାବନ
ନୁହେଁ ସାଧାରଣ, ଦିବ୍ୟ ତା ଦର୍ଶନ
କରେ ସକଳ ପାପ ନାଶନ
କରେ ପାପୀକୁ ଉଦ୍ଧାରଣ
ଭକ୍ତିରସରେ କରାଏ ସ୍ନାହାନ।

ପାଦ ଧୋଇ ମନ୍ଦିରରେ ପଶିବା ପୂର୍ବରୁ
ମୁଣ୍ଡ ଲଗାଇ ପ୍ରଣାମ କରୁ
ଅରୁଣ ଖୁମ୍ବକୁ
କେବେ ଜାବୁଡି ଧରୁ ଭକ୍ତିରେ
ସେ ପରା ପତିତ ଭକ୍ତଙ୍କ ଆଶରା।

ଗରୁଡ ଖୁମ୍ବକୁ ଆଉଜି ଚାହିଁଥାଉ
ଚକାନୟନକୁ ହାତରେ ଦୀପଟିଏ ଧରି
ଆଖିରୁ ଝରୁଥାଏ ଧାର ଧାର ଲୁହ
ଥର ଥର ଥରୁଥାଏ ଅଧର
ବିସ୍ମିତ, ବିମୁଗ୍ଧ ଆଉ ବିଲୟ ହୋଇଯାଇଥାଉ ତୁ
ଆଶ୍ଚର୍ଯ୍ୟ ହୋଇ ଚାହିଁଥାଏଁ ମୁଁ ତୋ ମୁହଁକୁ
ବୁଝି ପାରୁ ନଥାଏ ତୋ ଲୁହର ରହସ୍ୟ
ଖାଲି ଭାବେ
ଧନ୍ୟ ତୋ କାଳିଆ ଭକ୍ତି, ମା'।
ମୁଁ ତ ଦେଖିନି ବଡ ବଡ କାଳିଆ ଭକ୍ତ
ଶ୍ରୀଚୈତନ୍ୟ, ଦାସିଆ ବାଉରୀ, ରଘୁ ଅରକ୍ଷିତ, ବଳରାମ ଦାସ
ବନ୍ଧୁ ମହାନ୍ତି କି ଗଣପତି ଭଟ୍ଟ
ତୋତେ ଦେଖିଲେ ଜାଣେ ସଚ୍ଚା ଭକ୍ତର ହୃଦୟ
ଯେ ସର୍ବଦା ପ୍ରଭୁ ପୟରେ ଧ୍ୟାନ ଅଗାଧ ବିଶ୍ୱାସରେ ଲଟପଟ।

■

ମା'ର ଠାକୁର ପୂଜା

ମା'ଲୋ.... !!!
ଯେବେ ବି ମୋ ଘର ମନ୍ଦିରର
ପ୍ରତିଷ୍ଠିତ ଚତୁର୍ଦ୍ଧା ମୂର୍ତ୍ତିଙ୍କୁ ପୂଜା କରି
ପ୍ରଣାମ କରିବାକୁ ନଇଁପଡେ ମୁଁ
ମନେ ପଡିଯାଉ ତୁ
ଆଉ ତୋର ନିରୋଳା ଭକ୍ତିପୂତ ମୁଣ୍ଡିଆ ।

କାହାକୁ ନ ମାରୁ ତୁ ମୁଣ୍ଡିଆ ?
କାହାକୁ ନ ଭାବୁ ତୁ ଠାକୁର ବୋଲି ?

ତୋ ପାଇଁ ଖାଲି ହରିହର, କଳାକାହ୍ନୁ କି
ମା ଦୁର୍ଗା, କାଳୀ,ସରସ୍ୱତୀ ନୁହଁନ୍ତି ଠାକୁର,
ଠାକୁର ପରା ଏ ସାରା ବିଶ୍ୱ ବ୍ରହ୍ମାଣ୍ଡର ପ୍ରକୃତି,
ଧରତୀ ମାତା ନିଜେ, ଆକାଶ ପିତା ବି
ଆଉ ଆକାଶ ମଣ୍ଡଳରେ ଘୂରୁଥିବା ସୂର୍ଯ୍ୟ, ଚନ୍ଦ୍ର, ଗ୍ରହ, ତାରା ବି ।
ସକାଳର ବାଳ ସୂର୍ଯ୍ୟକୁ ଜଳଟେକି ଦେଇ ଦୁଇହାତରେ
ପ୍ରଣାମ କରୁ, ମନ୍ତ୍ର ଜଣାନଥାଏ, କି ଗାଇ ଜାଣୁନା ଶ୍ଳୋକ,
ମାତ୍ର ଭକ୍ତିରେ ମୁଣ୍ଡିଆଟି ମାରିଲା ବେଳେ
ଆପେ ଆପେ ଗ୍ରହଣ କରି ନିଅନ୍ତି ସବୁ ଦେବାଦେବୀ
ଗଛ ବୃଛ, ପଶୁ ପକ୍ଷୀ, ମାଟି କଣ୍ଢେଇ କି ପଥର ମୂର୍ତ୍ତି

କି ରଙ୍ଗଛଡା, ଫୋପଡା ହୋଇଥିବା ଠାକୁରଙ୍କ ଫଟୋଟିଏ ବି।
ସଞ୍ଜବେଳେ ତୁଳସୀ ଚଉରାମୂଳେ
ସଞ୍ଜବତୀ ଥୋଇ ଦେଇ ମୁଣ୍ଡ କୋଡୁ ଗୁଣୁଗୁଣେଇ
କ'ଣ ଯେ ମାଗୁ ମା ବୃନ୍ଦାବତୀଙ୍କୁ?
ତୋ ଶଂଖା ସିନ୍ଦୁର ବଜ୍ର କରିବା ପାଇଁ
ନା ତୋ ଝିଅଙ୍କୁ ଭଲ ବର ଯୋଗେଇବା ପାଇଁ?
କେଜାଣି, ହେଲେ ସେଇ ସମୟରେ
ତୁ ଲାଗୁ ନିଜେ ଏ ମର୍ତ୍ତ୍ୟମଣ୍ଡଳର ଦେବୀଟିଏ ପରି,
ମୋ ମନ, ପ୍ରାଣ, ଭକ୍ତିରେ ପ୍ରଣତି ଢାଳେ ତୋ ପାଦରେ।

କାର୍ତ୍ତିକ ମାସ ହେଲେ ଚଉରା ମୂଳେ
ମୁରୁଜରେ ଆଙ୍କି ଦେଉ ଚକାଡୋଳା
ଜୁହାର କରୁ ସେଇ ରେଖାଚିତ୍ରକୁ
ଏମିତି ଭକ୍ତିରେ ସତେକି ସାମନାରେ ଦେଖୁଛୁ ସ୍ୱୟଂ ଦାରୁବ୍ରହ୍ମ,
ମଗୁଶୀର ମାସ ମାଟି କାନ୍ଥ ଅଗଣାରେ ପକାଉ ଝୋଟି ଚିତା
ଧାନଶିଂଷା, ପଦ୍ମଫୁଲ ଆଉ ତା ଉପରେ ପାଉଁଜି ପିନ୍ଧା ଲକ୍ଷ୍ମୀପାଦ
ଗୁରୁବାର ସକାଳୁ ଗେଣ୍ଡୁ ଫୁଲ ଥୋଇ ସେ ଲକ୍ଷ୍ମୀ ପାଦରେ
ମୁଣ୍ଡିଆ ମାରୁ ସତେକି ତାରି ଉପରେ ଉଭା ସ୍ୱୟଂ ଲକ୍ଷ୍ମୀ ଠାକୁରାଣୀ,
ହେଲେ ଗୁରୁବାର ବ୍ରତରେ ମଠାଲୁଗାଖଣ୍ଡି ପିନ୍ଧି
ସିନ୍ଦୁର ଦାଉଦାଉ ଟୋପା ଆଉ ସିମନ୍ତ ଭରା ସିନ୍ଦୁର ରେଖାରେ
ତୁ ମୋତେ ଲାଗୁ ସତେକି ସ୍ୱୟଂ ତୁ ହିଁ ଲକ୍ଷ୍ମୀ ଠାକୁରାଣୀ!!

ବେଳେ ବେଳେ ଦେଖେ ବରଓସ୍ତ ଗଛ ଯୋଡି ମୂଳରେ
ପାଣିଢାଳି ମୁଣ୍ଡିଆ ମାରୁ
ତ କେତେବେଳେ ବେଲଗଛକୁ ଜୁହାରୁ
ନମସ୍କାର ନକରି କେବେ ଛିଣ୍ଡାଉ ନାହିଁ
ତୁଳସୀ ଗଛରୁ ପତ୍ର କି ସ୍ତବକଟିଏ,
ପୁଣି କେବେ ଆମ୍ବ ପତ୍ର, ଦୁବ, ବରକୋଳି ପତ୍ର ସାଙ୍ଗରେ
ଅଁଳା ଡାଳଖଣ୍ଡେ ଆଣି ଥାପି ଦେଉ

ମାଣବସା ଖଟୁଲି ଉପରେ
ଯେଉଁଠି ସଦା ନାଲି ଛିଟକନା ପିନ୍ଧି ବିରାଜି ଥାନ୍ତି
ତୋ ସୁଦଶାବ୍ରତର ପେଡି ଉପରେ ସ୍ୱୟଂ ଲକ୍ଷ୍ମୀ ଠାକୁରାଣୀ,
ତୋ ପାଇଁ ସାରା ପ୍ରକୃତି ହିଁ ଠାକୁରଙ୍କ ବାସ,
ଜଙ୍ଗଲକୁ ବି ଜୁହାରୁ ଯେମିତି ମୁଣ୍ଡିଆ ମାରୁ ଧାନକ୍ଷେତକୁ
ଧାନବସ୍ତାକୁ, ଅମାରକୁ, ଚାଉଳ ଡୋଲିକୁ, ଭାତ ହାଣ୍ଡିକୁ ବି,
ଜୁହାର କରୁ ବାସନକୁସନକୁ ବି ଗୋଡ ବାଜିଗଲେ ଭୁଲ୍‌ରେ।

ଧନ୍ୟ ତୋର ଭକ୍ତି ଲୋ ମା !
ତୁ ନିଜେ ବସୁଧା, ତୋ ପଣତକାନି ଆକାଶ,
ତୋ ମମତା ଗଙ୍ଗାର ପବିତ୍ର ଧାରା,
ତୋ ଲୁହ ଉଜାଣି ଯମୁନା,
ତୋ ଆଶିଷ ତେତିଶ କୋଟି ଠାକୁରଙ୍କ ଆଶୀଷ।

■

ମା'ର ନବବଧୂ ରୂପ

ମା' ଏବେ ମୁଁ କଳ୍ପନା କରେ
ତୋ ଅତୀତର ବଧୂ ରୂପ
ସେଦିନ ଯେତେବେଳେ
ତୁ ଆସିଥିଲୁ ନବବଧୂ ରୂପ ନେଇ
ତୋ ଶାଶୁ ଘରକୁ --
ପହଡ ଖୋଲି ଲାଜେଇ ଚାହିଁଲା ସକାଳ
ତୋତେ ଦେଖି ବାଳିକା ବଧୂ ବେଶରେ
ଚମକି ପଡିଲା, ଦେଖି ତୋର ସୁଶ୍ରୀ ବଦନ,
ତାକୁ ମନେ ହେଲା
ସତେକି ତା କପାଳର ଟହ ଟହ ବାଳ ଅରୁଣକୁ
ଉଠେଇ ନେଇ ଥୋଇ ଦେଇଛୁ ତୁ
ତୋର ନାଲି ଡହଡହ ଜଳୁଥିବା ସିନ୍ଦୁର ବିନ୍ଦୁରେ ।

ଆହା, କେଡେ ସୁନ୍ଦର ଥିଲା ତୋର ରୂପ
ଦେଖିନି ସିନା, କଳ୍ପନା କରି ପାରୁଛି ମୁଁ
ସବିତାଙ୍କ ନାଲି କିରଣରେ ଚମକୁଥିବା
ତୋ ନାଲି ଓଠର ହସ
ତୋ ନାଲି ପାଟର ଓଢଣୀ,
ତୋ ତୋରା ଚାନ୍ଦ ମୁହଁରେ ଶାନ୍ତ ଚାହାଣୀର ସ୍ନିଗ୍ଧତା !

ହୁଳହୁଳି ଧ୍ୱନିରେ କମ୍ପମାନ
ମୋ ବାପାଙ୍କ କୁଣ୍ଠିତ, ଦରିଦ୍ର ଘର, ଅଗଣା
ବନ୍ଦାପନା କରିବାକୁ ତୋର ନବବଧୂ ରୂପକୁ
ଥିଲେ କି ତୋର ଶାଶୁ, ବଡ ଯା, ଖୁଡୀ, ମାଉସୀ କେଜାଣି,
କିନ୍ତୁ ନିଶ୍ଚୟ ଥିବେ କିଚିରିମିଚିରି କରୁଥିବା ବିହଙ୍ଗଦଳଟି,
ତୋର ରୂପ ମାଧୁର୍ଯ୍ୟକୁ ଦେଖି
କାନ ମୂଳେ କି କପାଳ କଡରେ କଜଳ ଟିପାଟିଏ
ଲଗେଇବାକୁ ଥିଲେ କି କେହି ଆଈ, ବୁଢୀମା, କେଜାଣି
କିନ୍ତୁ ଦାଣ୍ଡ ବାଉଁଶ ଢେରାଟି ଉପରେ ପଡଫଡଉ ଥିବେ କଜଳପାତି ।

ତୋ ନବବଧୂ ବେଶକୁ ଦେଖି
ବିଭୋର ହୋଇଥିବେ ମୋର ତରୁଣ ପିତା
ଭାବିଥିବେ, ଆହା କି ଭାଗ୍ୟବାନ ମୁଁ
ମୋର ପତ୍ନୀ ଯେ ଏପରି ସୁଶ୍ରୀ ଆଉ ଶ୍ରୀମଣ୍ଡିତା !

■

ମା'ର ପାନ ଡାଲା

ଏବେ ବି ମନେପଡେ
ମୋ ମା'ର ସେ ପାନ ଡାଲା
ଓଦା କନାରେ ଗୁଡିଆ ପାନପତ୍ର ପୁଟୁଳା
ଅଗଛେଚା ବାଉଁଶ କାଠି ପଡିଥିବା ସେ ଚୂନଡବା
ଦନ୍ତୁରା, ଜଙ୍କ୍‌ଲଗା, ଲୁହା ଗୁଆକାତି
ଚୂନ, ଖଇର ଦାଗ ଲଗା ମଳିଛିଆ ଖଇର ଡବା,
ଚୁଆ, ହେଙ୍ଗୁ ଦୋକତା ମିଶା ହାତ ତିଆରି କଡା ଗୁଣ୍ଡି
ଫାଳିକିଆ ଗୁଆ ସାଇତା ଛୋଟ ଅମୁଲ ଡବା
ସେତକ ଥିଲା ମୋ ମା'ର ଏକାନ୍ତ ନିଜର ପୁଞ୍ଜି
ଯିଏ ଯେତେ ଖୁଣ୍ଟା ଦେଲେ ବି
ଛାଡି ପାରୁନଥିଲା ଯାହାର ମୋହ, ମୋ ମା',
ଧକଡି ବୁଢୀ ହେବା ପର୍ଯ୍ୟନ୍ତ।
ସେ ପାନଡାଲାର ଆକର୍ଷଣ
ଆମ ପାଇଁ ଥିଲା ଅସାମାନ୍ୟ
ଅଭୁଲା ଥିଲା ମା'ର ଗୋଡ ଲମ୍ବେଇ
ହାତରେ ଗୁଆକାତି ଧରି
ପାନଡାଲା ଆଗରେ ବସିଥିବାର ଠାଣି,
ଅଭୁଲା ଏବେ ବି ମା'ର ଅଙ୍ଗୁଳି ସନ୍ଧିରୁ
କୁଟ୍ କୁଟ୍ ଝଡି ପଡୁଥିବା ଛୋଟ ଛୋଟ ଗୁଆଖଣ୍ଡି
ଅସାମାନ୍ୟ ଆକର୍ଷଣ ଥିଲା

ପାନଡାଲାରେ
ମା' ଲୁଚେଇ ରଖିଥିବା
ଗୁଜରାତି ଆଉ ଚମନବାହାର ଡବା ଦୁଇଟିର,
ଯାହା ଟାଣିନେଉଥିଲା ଆମକୁ ତା ପାଖକୁ
ଯିଏ ଯେତେ ମନା କଲେ ବି, ଗାଳିମନ୍ଦ ଦେଲେ ବି।

ପାନଡାଲାର ବାସ୍ନା ମନେପଡିଲେ
ମନେପଡେ ମା', ତା'ର ରଙ୍ଗିଲା ନାଲି ଓଠ, ଜିଭ
ସଦା ହସ ହସ ମୁହଁ ଆଉ ଦମ୍ଭିଲା ପ୍ରାଣ
ଯତ୍ନଶୀଳ ଚଞ୍ଚଳ ହାତ ପାଦ,
ଆତ୍ମବିଶ୍ୱାସ ଭରା ତା ଆଖିର ଚାହାଣୀ
ତା ଦୟାଳୁ ହୃଦୟ, ତା ଚହଟୁ ଥିବା ମନ।

ଯେବେ ଦେଖିଲେ ପାନଖିଲ ଖଣ୍ଡେ
ମୋ ଆଖିରେ ଜୀବନ୍ତ ହୋଇ ଉଠେ
ମୋ ମା'ର ଛବି, ଆଉ
ତା ପାନଡାଲା ପାଖରେ ତା'ର ମହାର୍ଘ ସ୍ୱରୁପ।

■

ମା' ର ଶାଗ ପଟାଳି

ଛନଛନିଆ ଦିଶୁଥିବା ଲେଉଟିଆ କିଆରୀରେ
ମାଠିଆରେ ପାଣି ଢାଳୁଥିବା ବେଳେ
ମୋ ମା' ଦିଶେ ସତେକି
କେଉଁ ପ୍ରସିଦ୍ଧ ଉପନ୍ୟାସର ନାୟିକା ।

ପତଳା ନାଲି କସ୍ତା ଖଣ୍ଡିକ ଗୁଡା
ମୁଣ୍ଡରୁ ପାଦ ପର୍ଯ୍ୟନ୍ତ
ଅଣ୍ଟାରେ ଭିଡା କାନିଟି
ମୁଣ୍ଡରୁ କେବେ ଖସୁନଥିବା ଓଢଣୀ
ତାରି ଭିତରୁ ବାରି ହୁଏ
ତା'ର ଛୋଟ ମୋଟ ନାରୀ ଦେହର ଶୋଭା
କପାଳରେ ନାଲି ସିନ୍ଦୁର ଟୋପାର ମହିମା
ନାକରେ ସୁନାର ମାଛିଟିଏ, କାନରେ ହଳେ ଦୁଲ୍
ଏତିକି ତ ତା'ର ସମୁଦାୟ ସୁବର୍ଣ୍ଣ ସଂପତ୍ତି ।

ତା କୋଳରେ, କାଖରେ ବସି ପଚାରେ ମୁଁ,
"ଏଟା କି ଶାଗ ? ଏ ଶାଗଟା ନାଲିଆ କାହିଁକି ?
ଘାସ କେଉଁଟା ଜାଣିବି କେମିତି ?"
ମା' କହେ, "ଓଲିଟା ! ସବୁଜ ଶାଗ ଲେଉଟିଆ
ନାଲି ଶାଗ କୋଶଳା, ଗଡିଆରେ ହୁଏ ଯେ ଶାଗ
ସୁନୁସୁନିଆ, କଳମ, ଘାସର ପତ୍ର ପରା ଲମ୍ବା, ସରୁ ଟାଉଁସିଆ ।"

ମୁଁ କହେ, "ଏତେ ଶାଗ ତୋଳୁଛୁ କାହିଁକି ?
ପାଛିଆଟେ ? କିଏ ଖାଇବ ଏତେ ?"
ମା' କହେ, "ଓଲିଟା ତୁ !
ଶାଗ ପରା କରେଇରେ ପଡିଲେ / ସିମିଟି
ଯାଇ ହେବ ଏତିକି ମେଞ୍ଚାଟିଏ କେତେ କି ଇଏ ?"

ପନିକି ଧରି ଶାଗ କାଟୁଥିଲା ବେଳେ କଚ୍ କଚ୍
ମୁଠାରେ ଦବେଇ, ମୁଣ୍ଡିକୁ ମୁଣ୍ଡି ସଜାଡି ମେଞ୍ଚା କରି,
ମୁଁ ଧାଇଁଯାଇ ନାଉ ହୋଇପଡେ ତା ପିଠିରେ
ଚରକିନା କଟିଯାଏ ତା'ର ଆଙ୍ଗୁଠି,
ବହି ପଡେ ଟୋପି ଟୋପି ରକ୍ତ,
ମୋ ଆଖିରେ ଟଳମଳ ଲୁହକୁ
କାନିରେ ପୋଛି ଦେଇ
ମା' କହେ, "ଓଲିଟା ତୁ !
ଏଇଥି ପାଇଁ କାନ୍ଦୁଛୁ ?
ଶାଗ କଟା ବେଳେ କଟେ ସବୁ ମା'ଙ୍କ ହାତ,
ଆଉ ସେ ରକତ ବୁନ୍ଦା ପଡି ଶାଗ ଲାଗେ ମିଠା।"

ମୁଁ କହେ, "ଖାଇବିନି ଆଉ ମୁଁ ଶାଗ,
ତୋ ରକତ ମିଶିଛି ସେଥିରେ – ଛି !"
ମା' ଆଉଁସି ଦିଏ ମୋ ମଥା,
ମା' କହେ, "ଓଲୀ ଟା ତୁ, ବାୟାଣୀ !
ଶାଗ ଖାଇଲେ ଦେହରେ ରକ୍ତ ହୁଏ।
ବଡ ହେଲେ ବହିରେ ପଢିବୁ
କେତେ ଭିଟାମିନ୍ ଦିଏ ଶାଗ !
ଶାଗ ପରା ଓଡିଆଙ୍କ ପଖାଳ କଂସାର ସାଥି।"

ଏବେ ଶାଗ ବିଡାଟିଏ ଧରି
ଛୁରିରେ କାଟିଲା ବେଳେ ଭାବେ,

ଏତେ ପଟାଳି ପଟାଳି ଶାଗ ବଢ଼ାଇ,
ଖାଇ, ଖୁଆଇ,
ଶେଷ ବେଳକୁ ରକ୍ତହୀନ ହୋଇଗଲା
ତୋର ସଜଳ କୋମଳ ଶରୀର,
ଏତେ ରକ୍ତ ବଢେଇଥିଲୁ ଆମ ଦେହରେ
ନିଜ ଆଙ୍ଗୁଳି କାଟି, ରକ୍ତରେ ସିଞ୍ଚି,
ସ୍ନେହରେ ଭିଜାଇ, ମମତାରେ ଶିଝାଇ,
କେହି ତ ଆମେ ଆଗେଇ ଆସିଲୁନି
ଦେବା ପାଇଁ ବୋତଲଟିଏ ରକ୍ତ
ତୋ ରକ୍ତହୀନ ଶରୀରକୁ ପୁଷ୍ଟ କରିବା ପାଇଁ।"

■

ମା'ର କାଇଁଚ ପେଡି

ମା' ମୋର ବୁଣୁଥିଲା କାଇଁଚ ପେଡି, ପେଟରା,
ସଜେଇ ସାଇତି ରଖୁଥିଲା ତା'ର ପାଟ, ମଠା ଶାଢୀ
ତା କାଇଁଚ ପେଡିରେ ଗନ୍ଧକର୍ପୁର ଦେଇ
ଆହୁରି କେତେ ଅଜବ ଖଜବ ପଦାର୍ଥ ରହୁଥିଲା
ତା ଭିତରେ ତା ମନ ତଳର ସାଇତା ସ୍ୱପ୍ନ ପରି ।

ତା ପେଡି ପେଟରାରେ କେବେ ବି ପଡୁ ନଥିଲା ଚାବି
ତା ହୃଦୟ ପରି ନିର୍ମଳ, ଖୋଲା ଥିଲା ତା ପେଡି
ତା ଭାଗ୍ୟରେ ଥିଲେ ପଲେ ଝିଅ
ଜୀବନ ଲେପଟି ରହିଥିଲା ଶରଶଯ୍ୟାରେ ।

ଗୀତା, ଭାଗବତ ପଢି ଶିଖି ନଥିଲା ମା' ମୋର
ହେଲେ ସାଇତି ରଖୁଥିଲା କେତେ ପୋଥି
ଜାତକ, ନଥିପତ୍ର, ଘର ବାଡି କାଗଜ ବାପାଙ୍କ ତରଫରୁ
ସାଇତି ଥିଲା ମଙ୍ଗଳା ପୀଠରୁ ଆସିଥିବା ସିନ୍ଦୁର ପୋଥା, ଫରୁଆ
ନାଲି ଛିଟ କନାର ଓଢଣୀ ଆଉ ସୁଦଶା ବ୍ରତ ଗୁଆ ଦଶଟି ।

ପେଡିରେ ଯେତେ ସାଇତିଲେ ବି
ଭାଗ୍ୟ ଚୋରେଇ ନେଲା ତା ସିନ୍ଦୂର ବୁଢୀ ବୟସରେ
ଖାଲି ସୂନ୍ଥା ଦେଖି ଲୁହ ଗଡାଏ ଲୁଚି ଛପି ସେ

ମା' ମଙ୍ଗଳା କି ବିରଞ୍ଚି ନାରାୟଣ ଠାକୁର
ଗ୍ରାମ ଦେବତୀ କି କଟକ ଚଣ୍ଡୀ କି ଝାଡେଶ୍ୱର
କେହି ଫେରେଇ ଦେଲେନି
ତା ପାକଲା ଧଳାବାଳରେ ଚମକୁଥିବା ସିନ୍ଦୂର ଗାର।

ମା'ର କାଇଁଚ ପେଡି, ପେଟରା ହୋଇଗଲା ଅଦରକାରୀ
ଯେବେ ଭାଇମାନେ କିଣି ଆଣିଲେ ଟ୍ରଙ୍କ୍, ସୁଟ୍‌କେଶ୍
ଭାଉଜମାନେ ଭାରରେ ଆଣିଲେ ଗଡରେଜ୍ ଆଲମୀରା
ଝିଅମାନେ ପ୍ଲାଷ୍ଟିକ୍ ସୂତାରେ ବୁଣି ପକେଇଲେ ବ୍ୟାଗ୍, ବାସ୍‌କେଟ୍,
ହେଲେ ଛୋଟ ଗୋଟିଏ ଭାଗ୍ୟ ପେଡିରେ ସାଇତା
ତା ଜୀବନ ବ୍ୟାପୀ ସାଧନାର ପୂଣ୍ୟତକ
ଅଭାବର ଅମାବାସ୍ୟା ଅନ୍ଧାର ଭିତରେ
ଜାଳିଥିଲା ଜ୍ଞାନର ଦୀପଟିଏ
ଯାହାର ଶିଖା ବାଟ ଦେଖେଇଥିଲା ପିଲାମାନଙ୍କ ସ୍ୱପ୍ନକୁ
ଓହ୍ଲେଇ ଆଣିଥିଲା ପୁନେଇଁ ଚାନ୍ଦର ଚମକ
ତା ଚାଳଛପର ଥିବା ମାଟିକୁଟୀରର ଖୋଲା ଅଗଣାକୁ।

■

ମା'ର ଦଦରା ନାଆ

ବିଲ ମୁଣ୍ଡରେ ଠିଆ ହୋଇ
ଆକାଶକୁ ଚାହିଁ ଥିଲା ମା',
ଭାବୁଥିଲା,
ଅନନ୍ତ କାଳ ପାଇଁ ରହିଛି ଏ ଆକାଶ
ମଣିଷ ଜୀବନ ତ ଏଇ କ୍ଷଣିକର !
କାହିଁକି ଏ ଯାତନା ଦେଉଛ ଇଚ୍ଛାମୟ
ଆମେ ତୁମରି ସନ୍ତାନ, ମାଗୁଣି ଆମ ନ ଶୁଣିଲ
ଜଳବୁନ୍ଦେ ପାଇଁ କଲ ହେ ଏତେ କପଟ !

ମା' ଚାହିଁଥିଲା ଶୁଖି ଶେତା ପଡିଥିବା ଧାନ କିଆରୀକୁ-
କାଳର କଷଟିରେ କେତେ ଘଷିବ ପ୍ରଭୁ ?
ଯୋଉ ସ୍ୱପ୍ନଟି ଦେଖୁଛି, ଘୁଞ୍ଚି ଯାଉଛି
ଦୂରକୁ ଦୂରକୁ, ପଦ୍ମଫୁଲ ପରି
ଯୋଉ ସାହାରା ଧରୁଛି, ଭାଙ୍ଗି ଯାଉଛି
ମଡ୍ ମଡ୍, ଦଦରା ଉଈଲଗା ବତାଟେ ପରି,
ଯୋଉ ନାଆଟି ତିଆରୁଛି ନଇ ପାର କରିବାକୁ
ଫୁଟ ପଡିଯାଉଛି ମନକୁ ମନ, ଥଳକୂଳ ଦିଶୁନାହିଁ,
କାହିଁକି ଏ ଛଳ କପଟ କରୁଛ ଦୟାମୟ
ଅନନ୍ତ କାଳ ପାଇଁ ମାଗୁନୁ ତ ଆମେ ଜୀବନ
ଏଇ ଜନ୍ମଟି ପାର କର ଶାନ୍ତିରେ, ସୁଖରେ !

ମା' ଦେଖୁଥିଲା
ଦିଗ୍‌ବଳୟରେ ଘନେଇ ଆସୁଥିବା ମେଘକୁ
ବିସ୍ଫୋରଣ ଘଟିଲା କି ମହାମୟ ପ୍ରଭୁଙ୍କ ନିଦ୍ରାରେ
ଶୁଭିଗଲାକି ହୃଦୟ ତଳର ବ୍ୟାକୁଳ ମିନତି ?
ଭାଗ୍ୟର ନନ୍ଦିଘୋଷ ଟାଣିନେଉଛି କି ଇନ୍ଦ୍ର ?
ମୌସୁମୀର ମେଘରେ ଜୀଇଁ ଉଠେ ସ୍ୱପ୍ନର ନୀଳରଙ୍ଗ
ଭାଗ୍ୟ ସତ, ଦେହ ସତ, ଭୋକ ସତ, ତୃଷ୍ଣା ସତ,
ବ୍ୟାଧି, ମୃତ୍ୟୁ, ବାର୍ଦ୍ଧକ୍ୟ --- ଅବଶ୍ୟମ୍ଭାବୀ ତ ସବୁ
ଦୁଃଖରୁ ନିର୍ବାଣ ତେବେ କାହିଁ ?

ଆଖିରୁ ଲୁହ ପୋଛିଲା ମା'
ପୁଅଟା ଉଠିପଡି ରାହା ଧରିବଣି
ଝିଅ ଅନେଇଥିବ ବାଡି ପିଣ୍ଡାରେ ବସି
ମୁଢି ମୁଠେ କି ଚୁଡା ମୁଠେ ଯୋଗାଡ କରେଁ
ଲୁହ ଲିଭେଇ ପାରିବ କି ପେଟର ନିଆଁ ?

■

ମା'ର ଖଇଭଜା

ସପ୍ତାହରେ ଥରେ କି ଦୁଇଥର
ବଡ ଗୋଟେ ମାଟି ହାଣ୍ଡିରେ
ଦି ସେର ବାଲି କୁଢେଇ
ବାଡି ପଟ ଚୁଲିରେ
ବତା ବାଉଁଶ କଣି ଜଳେଇ
ଖଇ ଭାଜେ ମା'।

ଧାନ ଖୁବ୍ ତାତିଲେ
ଟକ୍ ଟକ୍ ଫୁଟେ ଖଇ ହୋଇ
କଇଁ ଫୁଲ ପରି ଧୋବ ଫର ଫର
ଛାଟି ହୋଇ ପଡେ ହାଣ୍ଡିସାରା
କଞ୍ଚିକାଠି ମେଞ୍ଚାଟି ହାତରେ ଧରି
ହାଣ୍ଡିରେ ତାତିଲା ବାଲିକୁ, ଧାନକୁ
ଭାଜୁଥାଏ ମା' ଏପଟ ସେପଟ କରି।

ଖାତିର୍ ନଥାଏ ତା'ର ଖରା, ବର୍ଷା, ଶୀତକୁ
ମନରେ ଘାଣ୍ଟି ହେଉଥାଏ ପିଲାଙ୍କ ଜଳଖିଆ ଚିନ୍ତା
କାନିକୁ ଅଣ୍ଟାରେ ଭିଡି
ଦେହର ପରାଣକୁ ପଛରେ ପକେଇ
ସମୟକୁ ଖୁନ୍ଦା ମାରି

ରାଗ ରୋଷକୁ ଗୋଇଠା ମାରି
ନିଜେ ଚୁଲିର କାଠ ହୋଇ ଜଳେ ସେ -
କେବେ ଖଇ, କେବେ ମୁଢି ହୋଇ ହାଣ୍ଡିରେ ଫୁଟେ
କେବେ ଭାତ ହାଣ୍ଡିର ବାମ୍ଫ ହୋଇ ଟକ୍ ମକ୍ ଫୁଟେ
ଶାଗ ହୋଇ କାଟି ହୁଏ
ତ ବେସର ହୋଇ ବାଟି ହୁଏ
ସଭିଙ୍କ ଭୋକ, ଶୋକ, ନିଦ ସମ୍ଭାଳିବାରେ
ମାତିଥାଏ ସେ ମେସିନ୍ ସାଜି।

ତତଲା ଭାତ ପରଶି ଦିଏ
ବାସି ତୋରାଣୀରେ ପେଟ ପୂରାଏ
ଅନ୍ୟମାନେ ତୃପ୍ତିର ହାକୁଟି ମାରିଲେ
ଅଧରରେ ଫୁଟିଉଠେ ତା'ର ହସ ଧାରଟିଏ।
ମା'ର ଖଇ ଭଜା କି ମୁଢି ଭଜାରୁ
ମୋତେ ମିଳେ ଜୀବନର ଅମୂଲ୍ୟ ଶିକ୍ଷା
ସଂସାର ଜଞ୍ଜାଳର ତାତିରେ ଟକ୍ ମକ୍ ଫୁଟିଲେ ଯାଇ
ମୁଁ ହୋଇପାରିବି ମା' ପରି ମା' ଟିଏ
ଡାକି ଆଣି ପାରିବି ସରଗର ଶଶୀକୁ
ମୋ ପୁଅ ଝିଅଙ୍କ କଅଁଳ କୋଳକୁ।

■

ମା'ର ଉପଦେଶ

ମା'ର ଉପଦେଶ କେଇପଦ
ଗଣ୍ଠିଧନ କରି ରଖିଛି ହୃଦ ସିନ୍ଦୁକରେ।

କହିଥିଲା; "ପୁଅର ଜୀବନ ପତର ତଳେ
ଝିଅର ଜୀବନ ପଥର ତଳେ।"
ଆଉ କହିଥିଲା, "ଝଡ ଆସିଲେ ନଇଁ ପଡିବୁ
ଝଡ କିଛି କରିପାରିବ ନାହିଁ।"
ଆଉ ବି କହିଥିଲା, "ମନେ ରଖିବୁ, ତୁନି କୁ ମୁନି ହାରେ।"

ତା ଉପଦେଶରେ କି କୁହୁକ ଥିଲା କେଜାଣି
ମୁଁ ନିଜକୁ ପଥର ତଳ ଗେଣ୍ଡାଟିଏ କରିଦେଲି
ଉପର ଖୋଳପା ଏତେ ଟାଣ,
ଯେତେ ଖେଞ୍ଚିଲେ, ଫୋଡିଲେ ଭାଙ୍ଗିବ ନାହିଁ,
ଭିତରଟା ରସ ସରସର ମେଞ୍ଚାଏ ମାଉଁସ
ଯେମିତି କୋମଳ, ସେମିତି ସଜଳ।

ଜୀବନ ତ ଝଡ ଝଞ୍ଜା
ବାତ୍ୟା ବିକ୍ଷୋଭିତ ଉପବନ ଟିଏ
ମଳୟ ପବନ ବହେ ଧୀରେ, ବସନ୍ତ ଋତୁରେ
କାଳ ବୈଶାଖୀ, ଘଡଘଡି, ଚଡଚଡି ଚାଲିଥାଏ

ଆକାଶ ଘୋଡେଇ ଦେଇଥାଏ କଳାମେଘ
ହେଲେ ମେଘ ତଳୁ ଝପଟି ଆସେ
ଆଶାର ସୁନେଲି କିରଣ
ମୁଁ ଲତାଟିଏ ପରି ନଇଁ ପଡି
ସାହାରା ନେଇଥାଏ ଧରଣୀ ମାତାର
ମୋତେ ଛୁଏଁନା ଝଡ ବାତ୍ୟାର ପ୍ରକୋପ
ଛୁଇଁଯାଏ ସ୍ନେହ ମମତାର ରଶ୍ମି ଧାର
ଆଉ ମୁଁ ମୁଣ୍ଡ ଟେକି ଛିଡା ହୋଇଯାଏ
ସତେକି ଛୁଇଁ ବି ଆକାଶକୁ ମୋ ନହକା ଡାଳରେ ।

ତୁନି ରହିବାକୁ କହିଥିଲୁ ବୋଲି
ମୁହଁରେ ତୁଣ୍ଡୀ ବାନ୍ଧି ଦେଲି, ମା'
ମୁନି ହାରୁ କି ଜିତୁ
ମୁଁ ବଞ୍ଚିଗଲି ପାଞ୍ଚଣ ମାଡରୁ,
ଏବେ ତୁଣ୍ଡ ଖୋଲିଲେ ଲାଗୁଛି
ମୁଁ ସଜ ମାଛଟେ ଗରମ ତେଲରେ ସିଝୁଛି ।

ମା'ର ହସ

ମା' ହସିଦେଲେ ଝରେ ମକରନ୍ଦ
ସ୍ନିଗ୍ଧ ସକାଳେ ଛୁଟେ ଫୁଲ ଗନ୍ଧ
ପାନପିକ ଲେସା ଲଳିତ ଅଧର
ସିକ୍ତ କରେ ମନ କବିତାର ଛନ୍ଦ ।

ମା'ର ହସରେ ଥାଏ ସରଳତା
ମନେ ଭରିଦିଏ ବାତ୍ସଲ୍ୟ ମମତା
ପୂଣ୍ୟତୋୟା ତା'ର ହୃଦୟରୁ ଝରେ
ସ୍ନେହ ଜରଜର ଝର ମଧୁରତା ।
ମା' ହସ ପୀୟୁଷ ଲାଗଇ ସରସ
ଆଖି ତଳେ ଥିଲେ ଲାଜର ପରଶ
ସକଳ ପରାସ ହରାଏ ତା ହସ
ଭୁଲାଏ ଯେତକ ଦୁଃଖ ଅବଶୋଷ ।

ମା' ହସତଳେ ଛପିଥାଏ ଆଶିଷ
ଖଟୁଥାଏ ଆମପାଇଁ ଅହର୍ନିଶ
ଛାତିର ଦରଜ ଲୁଚାଇ ନୟନେ
ଆମ ଶାନ୍ତି ପାଇଁ ଅଧରରେ ହସ ।

ନିରିମାଖୀ ମା' ଖୋଜେନାହିଁ ସୁଖ
            ପିଲାଙ୍କ ସୌଭାଗ୍ୟ ତା ପାଇଁ ସରଗ
ଫୁଲତୋଡା, ମିଠା, ଗିଫ୍ଟ ଖୋଜେନାହିଁ
            ମିଠାକଥା ପଦେ ତାହାର ଗରବ।

ମା'ର ପଣତ ନୀଳଚକ୍ର ନେତ
            ବିପଦୁ ଘୋଡାଇ ରଖିଥାଏ ସେତ
ତା' ଅଧରେ ଧାରେ ହସ ଥାଉ ସଦା
            ଏତିକି ମୋ ଅଳି ଆହେ ଜଗନ୍ନାଥ।

ମା'ର ଦୁଃଖ

କିଏ କେବେ ବୁଝେ
କି ବୁଝିବାକୁ ଚେଷ୍ଟାକରେ କି ମା'ର ଦୁଃଖ ?

ମା' ଦୁଃଖକୁ ଲୁଚେଇ ରଖିଥାଏ
ତା ପେଜୁଆ, ବିବର୍ଣ୍ଣ, ରକ୍ତହୀନ
ଆଖିପତାର ଓଢଣୀ ତଳେ
ତା କସରା, ରକ୍ତଚାପ ପୀଡିତ,
ଫାଳ ଫାଳ ବିଭାଜିତ
ହୃଦୟର ଏକ ଅନ୍ଧାରୀ କୋଣରେ
ଭାଗ୍ୟ ପାଖରେ ସମର୍ପି ଦେଇ ନିଜକୁ,
ତତଲା ନିଶ୍ୱାସକୁ ଚାପି ରଖେ
ବାହାରେ ସୁସୁରି ମାରୁଥିବା ପବନର
ସୁଅରେ ହଜେଇ ଦେବା ପାଇଁ।

ମା' ନିଜ ଦୁଃଖକୁ ଦୁଃଖ ବୋଲି ଗଣେନି
କାରଣ ତା ଦୁଃଖ ତ ସନ୍ତାନ ସନ୍ତତିଙ୍କ ଦୁଃଖରେ ସମାହିତ
କାହାର ଦେହ ଅସୁସ୍ଥ
କିଏ ପରୀକ୍ଷାରେ ହେଲା ଅସଫଳ,
କାହାର ପ୍ରେମ ବିବାହ ଭାଙ୍ଗିଗଲା ଛାଡପତ୍ରର ଧକ୍କାରେ
କାହାର କୋଳ ଏ ପର୍ଯ୍ୟନ୍ତ ପୂର୍ଣ୍ଣ କଲେନି ପ୍ରଭୁ,

ବେଳ କାହିଁ ଭାବିବାକୁ, ସାଉଁଟିବାକୁ
ନିଜ ଜୀବନ ଡାଳରୁ ଝଡ଼ି ପଡୁଥିବା
ଗୋଟି ଗୋଟି ସୁଖର ଶୁଷ୍କ ପଲ୍ଲବ ସବୁ ?
କେହି ବୁଝନ୍ତିନି ମା'ର ଦୁଃଖ, ଅବସାଦ
କାରଣ ମା' ଜଣେ ପୋଖତ ଅଭିନେତ୍ରୀ
ଭୋକରେ ପେଟ ଆଉଟି ହେଉଥିଲେ ବି
ପଖାଳ କଂସାଟି ବଢାଇ ଦେବ ସ୍ୱାମୀଙ୍କୁ, ସନ୍ତାନକୁ,
ଜରରେ କମ୍ପୁଥିଲେ ବି ଗୋଟଉଥିବ ଜାଳ କାଠ,
ରାତି ରୋଷେଇ ପାଇଁ ଗଡିଆରୁ ଛାଣୁଥିବ ଚିଙ୍ଗୁଡି,
କ୍ଳାନ୍ତିରେ ଗୋଡହାତ କାଲୁଆ ମାରୁଥିଲା ବେଳେ ବି
ହାତରେ ସୋରିଷ ତେଲ ଗିନାଟି ଧରି ବସିଥିବ
ଧଇଁ କାଶରେ ପେଲି ହେଉଥିବା ଜେଜେମା ଗୋଡ ପାଖରେ
ବାପାଙ୍କ ଶୁଖିଲା ବିଲ ପରି ଫାଟି ରକ୍ତାକ୍ତ ହୋଇଥିବା
ପାଦକୁ ଆଉଁସି ବୋଲି ପକଉଥିବ ଭେସ୍‌ଲିନ୍।

ତା ଦେହ, ମନର ତାତି
ତା ଛାତି ତଳର କୋହଲା ବାମ୍ଫ
କଳାମେଘ ତଳେ ଗୁମୁରୁଥିବା
ଘଡଘଡି ପରି ତା ଅବଶୋଷ
ବର୍ଷାହେଇ ଝରୁଥିବ ଅନ୍ଧାର ରାତିରେ
ନ ହେଲେ ମନକୁ ବଝଉଥିବ
"କାହା ଜୀବନରେ ଦୁଃଖ ନାହିଁ ଯେ ?"

■

ମା' ମନ ତଳ

ମା' ଟିର ମୁହଁ ଦିଶେ, ମିଠା ମିଠା ନରମ
ଦିଶେନାହିଁ ତା ତଳ ମନଟି, ଖଟା କି ପିତା
ଜଣାପଡେ ନାହିଁ ସହଜରେ।

ମା'ର କାମଧନ୍ଦା, ଚଲାବୁଲା ଦିଶେ,
ଦିଶେ ସାଇତା ସମ୍ପତ୍ତି, ଚଉତା ଲୁଗାପଟା,
ଦିଶେ ସଫା ସୁତୁରା ଘର, ଚକ୍ ଚକ୍ ବାସନ କୁସନ,
ଦିଶେ ନାହିଁ ମା'ର ଭାଗ୍ୟରେଖା କି ତା'ର ସନ୍ତାପ।

ମା' କରୁଥାଏ ସବୁ କାମ ଗୋଟେଇ ପୋଟେଇ
ଅଖିଆ, ଅପିଆ, ରାତି ଅନିଦ୍ରା ହୋଇ
ପିଲାଙ୍କ ପାଇଁ ଜଳଖିଆ
ସ୍ୱାମୀଙ୍କ ପାଇଁ ଲଞ୍ଚ, ଡିନର୍
ଶାଶୁ ଶ୍ୱଶୁରଙ୍କ ପାଇଁ ଚା, ପକୁଡି
ଗୋଡ ହାତ ଘଷା, ଆଉଁସା, ଔଷଧ ଦିଆ
ହେଲେ କେହି କରନ୍ତି ନାହିଁ ତା ପାଇଁ କିଛି
ଓଳିଏ କି ଅଧେ ରୋଷେଇ, ଘଷା ମୋଡା,
ହାତରୁ ଛଡେଇ ନେଇ ଘର ଝାଡୁ ମାରିବା
କି ବାସନ ମାଜିବା, କି ସଞ୍ଜବତୀଟିଏ ଜଳେଇ ଦେବା।

ମା’ କରେ ସମସ୍ତଙ୍କୁ ଦେବା ନେବା, ଖିଆଦିଆ,
ମନ ଜାଣି ବାଢିଦବା, ବ୍ରତ ଉପବାସ କରିବା,
ପୂଜା ପଟଳ ପାଇଁ ଯୋଗାଡିବା, ଭୋଗ ତିଆରିବା
ଦାଣ୍ଡର କୁଆ, କୁକୁର, ଭିକାରୀ, କେଲୁଣୀଙ୍କୁ ଖୁଏଇବା
କେହି କରନ୍ତି ନାହିଁ ତା ପାଇଁ ବ୍ରତ କି ଉପାସ
ମାନସିକ କି ମଉଛବ,
କହନ୍ତି ନାହିଁ ଆହା ପଦଟିଏ ଥକିଗଲେ
କି ବେମାରୀ ପଡିଲେ
ଡାକ୍ତରଖାନା ନବା ଦୂର,
ତା ଔଷଧ ପାଇଁ ନଥାଏ କା’ ପାଖରେ ଟଙ୍କା।

ମା’ ସବୁରି ପାଇଁ ମରୁଥାଏ
ସମସ୍ତଙ୍କୁ ତାରିବା ପାଇଁ ଧାଇଁ ଥାଏ
ମା’ ପାଇଁ ମରିବାକୁ, ତାକୁ ତାରିବାକୁ ନଥାନ୍ତି କେହି
ବାପା ଯେବେଠୁଁ ଆକାଶର ତାରା ହୋଇଗଲେ
ସେବେଠୁ ଲୁଚେଇ ରଖେ ସେ ନିଜ ମୁହଁ
ନିଜର ଶୂନ୍ୟ କପାଳ,
ଶୂନ୍ୟ ସ୍ତନାକୁ ତା ଧଳା ଧୋତିର କାନିରେ।

■

ମା' ର ଅଲୋଡାପଣ

ମା'ଟି ଲୋଡେ ସଭିଙ୍କୁ
ହେଲେ ରହିଯାଏ ଅଲୋଡା
ଚନ୍ଦନକାଠ ପରି ଘୋରି ଘୋରି ସରିଯାଏ
ମହମବତୀ ପରି ଜଳି ଜଳି ଲିଭିଯାଏ।
ମା' ସକାଳୁ ସଞ୍ଜ ପର୍ଯ୍ୟନ୍ତ
ଦାଣ୍ଡରୁ ବାଡି ପର୍ଯ୍ୟନ୍ତ
ଘୂରୁଥାଏ ସୂର୍ଯ୍ୟଙ୍କ ପରି
ପୂର୍ବରୁ ପଶ୍ଚିମକୁ, ପୁଣି ପୂର୍ବକୁ।
ମା' ନିଜେ ରାନ୍ଧେ, ବାଢେ,
ସଭିଙ୍କୁ ଡାକି ହାକି ଖୁଆଏ
ହେଲେ ସେ ଖାଇଲା କି ନାହିଁ
ବୁଝିବାକୁ ନଥାଏ କେହି ଜଣେ
ପଚାରନ୍ତି ବି ନାହିଁ ପତି କି ପିଲାଏ।
ମା' ନିଘା ରଖେନି ନିଜ କେଶବାସକୁ
ସଜାଡୁ ଥାଏ ପିଲାଙ୍କର
କେଶ, ବାସ, ବହି, ବସ୍ତାନୀ
ସଫା କରି ଭାଙ୍ଗି ରଖୁଥାଏ
ବାପାଙ୍କର, ଜେଜେ ବାପା, ଜେଜେମାଙ୍କର
ଲୁଗା ପଟା, ଧୋତି, ଗାମୁଛା, ଚଷମା, କଲମ
ହେଲେ, ତା'ର ରଙ୍ଗଛଡା ଲୁଗାଟି,

କି ଝଡୁଥିବା କେଶ ଅବା ମଲାମାଛ ପରି ଆଖି
ପଡେନି କାହାରି ନଜରରେ
ନିଜେ କହିବାକୁ, ଦେଖେଇବାକୁ ସାହସ ନଥାଏ ତା'ର।
ମା' ପାଖରେ ନଥାଏ କେହି,
ଯିଏ ଚିହ୍ନି ପାରନ୍ତା ତା ଭୋକ କି ଶୋକ
ଯିଏ ପୋଛି ଦିଅନ୍ତା ତା ଝରି ଆସୁଥିବା ଲୁହ
କି ଯିଏ କହନ୍ତା, "ଖାଇଲୁଣି ନା ନାହିଁ?
ଅଛି ତ ତୋ ପାଇଁ ମାଛ ଭଜା ଦିଟା?
ନୁଖୁରା କରିଛୁ କାହିଁକି କେଶ ବାସ?
କିଏ କ'ଣ କହିଲା, କାହିଁକି କାନ୍ଦୁଛୁ?"
ମା' ଲୋଡେ ସଭିଙ୍କୁ
ହେଲେ ରହିଯାଏ ଆଲୋଡା
ଘର କଣର ଅଳନ୍ଧୁ ପରି
ଦାଣ୍ଡ ଦୁଆର ପା'ପୋଛ ପରି।

■

ମା' ଆଖିର ମୋତିଆ ବିନ୍ଦୁ

ସତୁରୀ ବର୍ଷରେ ମା' କହିଲା
ଆଉ ଭଲ କରି ଦିଶୁନି ଆଖିକୁ
ପରଳ ଜମି ଗଲାଣି
ଲୁହ ଝରୁଛି ଆଖି ଯୋଡିକରୁ
କିଏ ଅପରେସନ୍ କରାଇ ଦେବ କି ?

ଆମ ଭିତରେ ଭାଳେଣୀ ପଡିଲା
କିଏ ନବ ମା'ର ଆଖି ଅପରେସନ୍ ଦାୟିତ୍ୱ
ପୁଅ, ଝିଅ ସମସ୍ତେ ତ ପରିବାର କାରାଗାରରେ ବନ୍ଧା
ଧାଇଁ ଦଉଡି କରୁଛନ୍ତି ସରକାରର ଚାକିରୀ
କିଏ ନେବ ଡାକ୍ତରଖାନା, ଜଗିବ ତାକୁ ?

କାହାରି ମନେ ପଡିଲା ନାହିଁ
ଏଇ ଦୁଇଟି ଆଖି ହିଁ ଦେଇଛି ଆଲୋକ
ସଜେଇଛି ରଙ୍ଗୀନ୍ ସପନର ଝକଝକ ମହଲ
କେତେ ସିଲେଇ କରିଛି ଛୁଞ୍ଚି ସୂତା ଧରି
ବୋତାମ ସାର୍ଟ, ପ୍ୟାଣ୍ଟ, ଫ୍ରକ୍‌ରେ,
କେତେ ସଜାଡିଛି ଦଦରା କନ୍ଥା, ତକିଆ, ରେଜେଇ
କେତେ ତିଆରିଛି ଘର ବାଡିର ସଫାସୁତର ସ୍ୱରୁପ
ଲିପି, ପୋଛି, ଝାଡୁ ମାରି, ଗୋଟେଇ, ପୋଟେଇ ।

କେହି ଭାବିଲେ ନାହିଁ
ଆମେ ହିଁ ତା ନୟନର ପିତୁଳା ବୋଲି
ଭୁଲି ଯାଇଥିଲା ନିଜକୁ
ସଜାଡିବାକୁ ଆମକୁ
ମହମବତୀ ପରି ଜଳାଇ ଥିଲା ନିଜକୁ
ପିମ୍ପାଟିଏ, ଲଣ୍ଠନଟିଏ ଜଳାଇ ଜଗି ବସୁଥିଲା
ଆମର ଫେରିବା ବାଟକୁ
ଆମରି ଦୁଃଖରେ ଏଇ ଦୁଇଟି ନୟନରୁ ଝରିଥିଲା
ଅସରନ୍ତି ବେଦନାର ବିନ୍ଦୁ ବିନ୍ଦୁ ଲୁହ ଧାରା
ଛାତି ତଳୁ ରକତ ନିଗାଡି ପାଳିଛି ଆମକୁ
ମୁଣ୍ଡ କୋଡି ମନାସିଛି ଆମର ସୁଖ
ହେଲେ ତା ଆଖିର ଆଲୁଅରେ ଆଉ କି କାମ ଆମର ?

ହେତ୍ ! ମରିବାକୁ ତ ବସିଲାଣି,
ଭାବି ପକେଇଲୁ ଆମେ -
କ'ଣ ଦରକାର ଅପରେସନ୍ ?
କ'ଣ ବହି ପଢିବ କି ଆଉ ?
ଥାଉ ମ - ସେମିତି ସେମିତି ଜୀବନ କଟିଯାଉ ।

■

ମା' ର ସମର୍ପଣ

କିଏ ଦେଇ ପାରିବ
ମା' ର ସମର୍ପଣର ମୂଲ୍ୟ ?

ମା' ସମର୍ପଣ କରିଦେଇଥିଲା
ସବୁତକ ସ୍ନେହ, ଆଦର, ଯତ୍ନ
ଯେଉଁମାନଙ୍କ ଉପରେ ବିଶ୍ୱାସ ରଖି
ଜୀବନର କଣ୍ଟକିତ ରକ୍ତାକ୍ତ ଯାତ୍ରା ପଥର
ଯନ୍ତ୍ରଣା ହାରିବେ ସେମାନେ,
କ'ଣ ରଖିଲେ ସେମାନେ
ସେ ସମର୍ପଣର ମୂଲ୍ୟ ?

ମା' ସମର୍ପଣ କରିଦେଇଥିଲା
ତା'ର ସବୁ ତପସ୍ୟାର ଫଳ,
ସବୁ ଆଶା, ଆବେଗ, ଅନିଷ୍ଠା
ଯେଉଁମାନଙ୍କ ଉପରେ ଭରସା ରଖି
ଆତଙ୍କ-ପଙ୍କିଳ ସଂସାରର ନର୍କକୁଣ୍ଡରୁ
ରକ୍ଷା କରିବେ ସେମାନେ,
କ'ଣ ପାରିଲେ ସେମାନେ ରକ୍ଷାକରି
ସେ ସମର୍ପଣର ମୂଲ୍ୟ ?

ସବୁ ସମର୍ପଣ ଭାବର କସ୍ତୁରୀ ଚନ୍ଦନ
ମାଖି ମଖେଇ ମିଳେଇ ଗଲା ମା' !
ତା ନିଭିଲା ସଞ୍ଜଦୀପ ପରି ଆଖିର ଲୁହ
ନିରାଭରଣା କୌସ୍ତୁଭ ଦେହର
ନିରଭିମାନୀ ନିରୀହପଣ
ସବୁ ଅଭିମାନ, ଅବଶୋଷ, ଅଭିଯୋଗ
ମା' ପାରାର ବିକଳ ଗୁମୁରା ପରି
ଗୁମୁରି ଗୁମୁରି ଛାତିତଳେ ମିଳେଇ ଗଲା
ହେଲେ ଦେଇ ପାରିଲା କି କିଏ
ତା ସମର୍ପଣର ମୂଲ୍ୟ ?

ସେ ରହିଲା ସମର୍ପଣର ଅଧିଶ୍ୱରୀ
ଆମେ ସବୁ ଦୀର୍ଘଶ୍ୱାସ ତାହାରି ।

■

ମା'ର ମନେଇବା କଳା

ମା'କୁ ହିଁ ଜଣାଥାଏ
ସନ୍ତାନକୁ ମନେଇବାର କଳା
ତା ନୀରବତା ଭିତରେ ବି ସହସ୍ର ପ୍ରତିଶ୍ରୁତି
ଯେବେ ନଇଁ ପଡି ଉଠେଇ ନିଏ କୋଳକୁ
ହଜିଯାଏ ସବୁ ମାନ, ଅଭିମାନ, କ୍ରୋଧ, ଅସନ୍ତୋଷ।

କେହି ରାଗି ରଷି ନଖାଇ ଶୋଇପଡିଲେ
କି ମୁହଁମାଡି ତକିଆ ଭିଜେଇ ଲୁହ ଢାଳିଲେ
ମା' ଜାଣିପାରେ ଯେଉଁଠି ଥିଲେ ବି
ରୋଷେଇ ଘରେ କି ଗୁହାଳରେ
ମନ୍ଦିରରେ କି ବାଡିପଟ ଶାଗ କିଆରୀରେ।
ଧୀରେ ଆସି ପାଖରେ ବସେ
କୋମଳ ହାତରେ ଆଉଁସି ଦିଏ ମଥା
ଲୁହ ପୋଛି କୋକ ଦିଏ, ଛାତିରେ ଜାକେ
କେଜାଣି କେମିତି ଏତିକିରେ ତରଳି ଯାଏ
ସବୁ ରାଗ, ଅଭିମାନ ବରଫ ତରଳିଲା ପରି
ବୋହିଯାଏ ଧାର ଧାର ହୋଇ ତା ହାତ ପାପୁଲିରେ।

ମା'ର ପଣତ କାନି
ପୋଛି ଦିଏ ସବୁ ଦୁଃଖ, ଅଭିଯୋଗ

ଉଷାକାଳର ମଲା ଜହ୍ନ ପରି ଉଭେଇ ଯାଏ ରାଗ
ଅଧରରେ ଫୁଟି ଉଠେ ଧାରେ ହସ
ବାଳ ସୂର୍ଯ୍ୟର ଲୋହିତ ଆଭା ପରି ସୁନ୍ଦର ।

ମା'କୁ ହିଁ ଜଣାଥାଏ
ସନ୍ତାନକୁ ବୁଝିବାର କଳା
ମୁହଁକୁ ଚାହିଁ ଦେଲେ ଜାଣିପାରେ
କି ଦୁଃଖ, କି ରାଗ, କି ଅଭିମାନ
ଗରଜୁଛି ଅନ୍ତର ଭିତରେ
ମା'ର ଆଶିଷ ଅକ୍ଷୟ ଭଣ୍ଡାର
ଯେତେ ସେ ଢାଳିଦିଏ ତା ହୃଦୟର ମଧୁଝର
ଆୟୁଷ ଓ ଆନନ୍ଦ ବଢିଯାଏ ଅନାୟାସେ ତା'ର ।

■

ମା'ର ଘରବାହୁଡା

ଗୋଟେ ବାହୁଡା ତିଥିରେ
ବାହୁଡି ଗଲା ମା'
ସେଇ ନିତ୍ୟ ସ୍ୱର୍ଗୀୟ ଧାମକୁ
ସେଇ ଅଫେରା ରାଇଜକୁ
ଯେଉଁଠୁ ଆସିଥିଲା ସେ
ପିଣ୍ଡକୁ ମିଶେଇଦେଲା ବ୍ରହ୍ମାଣ୍ଡ ସହ।

ମୋତେ ଲାଗିଲା ସତେକି
ମୋ ପାହାନ୍ତି ଆକାଶରୁ ଲିଭିଗଲା କୁଆଁତାରା
ସାରା ଦିନ ସୂର୍ଯ୍ୟଙ୍କର ଦାଉ ଦାଉ ଉଜ୍ୱଳ କିରଣରେ
ମୋତେ ଦିଶିଲା କେବଳ ଅନ୍ଧାର,
ସାରା ଆକାଶ ମେଘ ଜରଜର।

ମା' ପାଖରେ ନଥିଲା ସତ
ଜୀଇଁଥିଲା କୋଷରେ, ଧମନୀରେ, ରକ୍ତରେ
ମୋତେ ଶୁଭୁ ନଥିଲା ତା ନାନାବାୟା ଗୀତ
ପ୍ରତିଧ୍ୱନି ପରି କାନରେ ବାଜୁଥିଲା ତା ଡାକ
ସକାଳୁ ଚଢେଇଙ୍କ କିଚିରି ମିଚିରି ରେ।

■

ମା'ର ହାତରନ୍ଧା

ମା'ର ହାତରନ୍ଧାରେ ଥାଏ ଯେଉଁ ମହକ
ସଂଚରି ଯାଇଥାଏ ତା
ହୃଦୟ କୁସୁମର ମମତା ମଧୁରୁ
ତେଣୁ ଯାହା ବି ହେଉ ତା'ର ଗୁଣ, ପରିମାଣ,
ଲାଗେ କିନ୍ତୁ ତାହା ଅମୃତ ସମାନ।

ମା'ର ସାଧାରଣ ପଖାଳ ବେଲାଟିରେ ପୂରିଯାଏ ମନ
କେବେ ସେଥିରେ ପଡିଥାଏ ଦହି, କେବେ ଆମ୍ବକସି ଅବା ଅଦା
ଉଷୁନା ଚାଉଳରେ ମାଟିହାଣ୍ଡିରେ ରନ୍ଧା ପଖାଳ
ନିଆରା ତା ସ୍ୱାଦ, ସୁବାସ, ତୃପ୍ତ କରେ ପ୍ରାଣ,
ସେଥିରେ ଲେପଟି ରହିଥାଏ ମା' ଛାତିର ସନ୍ତାନ ବାତ୍ସଲ୍ୟ।

ମା' ରାନ୍ଧେନା ପୁରି, ପରଟା
ମାଂସ, ଅଣ୍ଡା, ଚିଙ୍ଗୁଡି କଟ୍‌ଲେଟ୍
ମା' ପରଶି ଦିଏ ବାଡିରୁ କାଟି କାଣିଥିବା
ଚୁନିଚୁନି କଟା ହୋଇଥିବା ଲେଉଟିଆ
କୋଶଳା କି ସଜନା ଶାଗ
ଯେଉଁଥିରେ ମିଶେଇ ଥାଏ
ହାତ ତିଆରି ବଡି ଭଜା, ବାଇଗଣ
ମା' ପରଶି ଦିଏ

ଚୂନା ମାଛ ପତର ପୋଡା କି ବେସର
ଆଳୁ କି ବାଇଗଣ ପୋଡା ସହ
ବଡି ପିଆଜ ଲଙ୍କାର ଆସର
କି ଆନନ୍ଦ ଲାଗେ ସେହି ସାମାନ୍ୟ
ପୋଡାଜଳା ପରିବା ଚକଟାରେ
ସେଥିରେ ଯେ ମିଶିଥାଏ ମା'ର ମମତାର ଲଙ୍କା, ଲୁଣ।

ମା' କରେ ବାର ମାସରେ ତେର ଓଷାବ୍ରତ
ଭୋଗ ଦିଏ ଚକୁଳି, କାକରା, ମଣ୍ଡା, କ୍ଷିରୀ, ଗଇଣ୍ଠା
ମାଣବସା, ରଜ, ପ୍ରଥମାଷ୍ଟମୀ, ଶାମ୍ବଦଶମୀ, ବାଟ ଓଷା, ଦୂତିବାହନ
ସବୁ ପର୍ବରେ ଥାଏ ଅଲଗା ଅଲଗା ପ୍ରସାଦର ଭିଆଣ
ସବୁ ଅମାବାସ୍ୟା, ସଂକ୍ରାନ୍ତିରେ କରାଏ ସେ ବ୍ରାହ୍ମଣ ଭୋଜନ
ଅରୁଆ ଭାତ, ଡାଲମା ସହ ଆମ୍ବୁଲ ରାଇ, ଓଉ ଖଟା
ଲାଗେ ସତେକି ଅମୃତ ମଣୋହି
ଦେବଦେବୀଙ୍କ ତୃପ୍ତି ପାଇଁ।

ମା'ର ହାତରନ୍ଧାରେ ଥାଏ ନିଆରା ସ୍ୱାଦ, ବାସ୍ନା
ଦହି କଡି, ଖେଚୁଡି, କାଞ୍ଜି କି ଚଟଣୀ
ମାଛ ଭଜା, ଶୁଖୁଆ ପୋଡା କି ଟଙ୍କ ତୋରାଣୀ
ଯିଏ ଖାଇଛି ସେ ଥଲଥଲିଆ ବସାଦହି,
କୋରୁଅ, ମୁଢି ମୁଆଁ, ଠେକିରେ ବସା ଗୁଆଘିଅ
କେବେ ଭୁଲିବ କି ସେ ଅମୃତ ମଣୋହିର ସୁଆଦ
କାରଣ ସେଥିରେ ମିଶିଥାଏ
ମା'ର ମମତାର ମନ୍ଦାକିନୀର ବୁନ୍ଦ ବୁନ୍ଦ ପବିତ୍ର ଆଶିଷ।

■

ମା'ର ମମତା ପୀୟୂଷ

ହୃଦୟ ଯାହାର ପୀୟୂଷରେ ଭରା
ଶୁଦ୍ଧ ସରୋଜିନୀ ସମ
ସେହି ମୋର ମା' ଘର ଅଗଣାରେ
ମମତାମୟୀ ତା ନାମ।
ଦିବାକରେ ଦେଖି କମଳ ଯେପରି
ସରାଗରେ ଉଠେ ଫୁଟି
ସନ୍ତାନ ସନ୍ତତି ମୁଖେ ସ୍ମିତ ହାସ
ଦେଖି ସେ ଉଠେ ଉକୁଟି।

ଅମୃତରେ ଭରା ଅନ୍ତର ତାହାର
ସ୍ନେହରେ ନାହିଁ ଛଳନା
ସନ୍ତାନଙ୍କ ପାଇଁ ଦିଅଁ ପୂଜେ ସେହି
ନିଜର ନାହିଁ କାମନା।
ଗର୍ଭ ବେଦନାକୁ ନଥାଏ ତା ଡର
ଖୁସିରେ ଦିଏ ଜନମ
ସଂସାର ହାଟରେ କଢାଏ ସେ ବାଟ
ନ କରେ କେବେ ଭରମ।
କୋହ ଚାପି ରଖି ଛାତି ସିନ୍ଦୁକରେ
ନିଜ ସୁଖ ନ ଦେଖଇ
ସନ୍ତାନର ଆଖି ଛଳଛଳ ହେଲେ
ଲୁହ ଧାର ବୋହି ଯାଇ।

ଭୋକ ହେଲା ପୂର୍ବୁ ପରଶି ଦିଏ ସେ
       ରଖେ ନାହିଁ ନିଜ ପାଇଁ
ଖାଡା ଉପବାସ ରହିଲେ ବି କେବେ
       ଅବସୋସ କରେ ନାହିଁ।
ଉଜାଗର ରହି ବ୍ରତ ଉପବାସ
       ପାଳେ ସନ୍ତାନଙ୍କ ପାଇଁ
ଉପାସନା କରେ, ମନ୍ଦିରକୁ ଧାଏଁ
       ଅଭାବକୁ ଡରେ ନାହିଁ।
ଦିନଟେ ଅନିଦ୍ରା ରହିଲେ ଆମକୁ
       ଲାଗେ ଭାରି ଥକ୍କା ଥକ୍କା
ଆମ ଦେହ କେବେ ଅସୁସ୍ଥ ହୋଇଲେ
       ଉଜାଗରେ ସେହି ରାତି କାଟେ ଏକା ଏକା।
ପାରିବୁକି ବୁଝି କେବେ ଆମେ କେହି
       ତା ଅନ୍ତର ତଳ ଦୁଃଖ
ଜୀବନେ ତାହାରି ଏକଇ କାମନା
       ଆମରି ମାନଙ୍କ ସୁଖ।

ମା'ର ଉଦାରତା

ତମାମ୍ ଜୀବନ କଟେଇ ଦେଲୁ
ଘର ସଜାଡିବାରେ
ମୁଗ୍ଧ, ତଲ୍ଲୀନ ମୁଦ୍ରାରେ।

କାନ୍ଥରେ, ଚଟାଣରେ, ଅଗଣାରେ
ଏବେ ବି ଛିପ ଛପିକା ଦିଶେ
ତୋ ଲଳିତ, କୁଶଳୀ ହାତର ଚିହ୍ନ।

ତୋ ପାନପିକ ଝରା ନାଲି ଓଠରେ
ସରଳ, ନିରୀହ ହସର ମୁଦ୍ରାଟିଏ
ଆଲୋକିତ କରେ ଘର, ସଂସାର, ପ୍ରାଣ।
ତୋ ଖଣ୍ଡିଆ ଝାଡୁ, ଛାଞ୍ଚୁଣୀ, ଛୁଞ୍ଚକନାରେ
ଘର ଦୁଆର, ଦାଣ୍ଡ, ଗୁହାଳକୁ
ଓହ୍ଲାଇ ଆସେ ସ୍ୱଚ୍ଛତାର ଚାନ୍ଦିନୀ ଆଲୁଅ।

ତୋ ମମତାର ଦୁଧିଆଳୀ ଗାଈ
ସଦା ପହ୍ନେଇଥାଏ ଆଶିଷରେ, ଆଶ୍ୱାସରେ
ଉଚ୍ଛୁଳଉଥାଏ ପିଲାଙ୍କ ଜୀବନରେ କୋଳାହଳ।

ଅଙ୍କୁଶରେ ପିଇଯାଉ ଯାତନାର ଜହର
ସିଞ୍ଚି ଦେଉ ପବିତ୍ର ମନ୍ଦାକିନୀର ସ୍ନେହ ଧାର
ପଲ୍ଲବିତ କରିବାକୁ ଜୀବନର ଶ୍ୟାମଳ କେଦାର ।

ତୁ ନଥିବା ଘରଟି ଲାଗେ ଅମୁହାଁ ଦେଉଳ
ଖସିପଡେ ପିଲାଙ୍କ ମଥାରୁ ନିରାପତ୍ତାର ଛପର
ତୋ ଉଦାର ହୃଦୟଟି ସିନା ଆମର ବତୀଘର ।

■

ମା'ର ପ୍ରାର୍ଥନା

ସବୁବେଳେ କରୁଥାଏ ପ୍ରାର୍ଥନା
ହାତ ଯୋଡି ମୁଣ୍ଡ କୋଡି ମା'ଟିଏ
"ସମସ୍ତେ ଭଲରେ ଥାଅ, ସୁଖରେ ଥାଅ।"

ନିଜ ସଙ୍ଗେ ଲଢୁଥାଏ ସେ ଯୁଦ୍ଧ
ନିଜ ଭିତରେ ସାଇତି ରଖିଥାଏ ସେ କ୍ଷତ
ପ୍ରସ୍ତୁତ ଥାଏ ଭୋଗିବାକୁ କାଳର କୁହାଟ
ଅମାବାସ୍ୟାର ନିରନ୍ଧ୍ର ଅନ୍ଧକାର
କି ହରେଇ ସାରିଥିବା ମାନ, ସଂଭ୍ରମ
ମାତ୍ର ଡାକୁଥାଏ ଈଶ୍ୱରଙ୍କୁ ଅହରହ
"ମୋ ସଂସାରକୁ ଘଣ୍ଟ ଘୋଡେଇ ରକ୍ଷାକର, ମହାବାହୁ।"

ଜୀବନ ଯାତ୍ରାରେ ଚାଲିଲାଣି ସେ ବହୁତ ବାଟ
ବୁଲିଲାଣି ଅନେକ ତୀର୍ଥ, ମନ୍ଦିର, ତୁଠ, ଘାଟ
ଖୋଲିଲାଣି କେତେ ମନର ନିବୁଜ କବାଟ
ଚାଖିଲାଣି କେତେ ସୁଖର ମହୁ, ମିଠା ଛନ୍ଦ କପଟ
ଆଉ ଲୋଡା ନାହିଁ ତା'ର ସୁଖ କି ସମ୍ପଦ
କରୁଥାଏ ସେ ପ୍ରାର୍ଥନା ଈଶ୍ୱରଙ୍କୁ ହାତଯୋଡି,
"ଏଥର ଏ ସଂସାର ମାୟାରୁ କୁକୁଳାଇ ଦିଅ, ମୁକ୍ତି ଦିଅ।"

ଛାତିରେ ହାତ ରଖି,
ମନ୍ଦିର ବେଢାରେ ବୁଲୁବୁଲୁ
କହୁଥାଏ ସେ ଗଣଗଣିଆ ସ୍ୱରରେ,
"ସବୁ ତ ଦେଇଛ ମୋତେ
ଅଯାଚିତ ଦାନରେ ପୂର୍ଣ୍ଣ କରିଛ ଜୀବନ ପାତ୍ର
ବହୁବାର ସଜାଡିଛ ଛିନ୍‌ଛତ୍ର ମୋ ସଂସାର
ଅନେକ ବାର ବଦଳାଇଛ ମୋ ଆତ୍ମାର ମାନଚିତ୍ର
ଅବିଚଳିତ ଧୈର୍ଯ୍ୟଶକ୍ତି ଦେଇ ସମୃଦ୍ଧ କରିଛ ମୋ ଜୀବନ
ମୋ କୃତଜ୍ଞତା ଗ୍ରହଣ କର ପ୍ରଭୁ
ଏ ସଂସାର ବାରିଧି ପାର କରାଅ
ସମସ୍ତେ ଭଲରେ ଥାଆନ୍ତୁ, ମଙ୍ଗଳରେ ଥାଆନ୍ତୁ
ମୋତେ ତୁମ ଚରଣ ତଳକୁ ବାହୁଡେଇ ନିଅ, ପ୍ରଭୁ
ମୋତେ ସ୍ଥାନ ଦିଅ ତୁମ ପବିତ୍ର ପାଦତଳେ।"

■

ମା'ର ମନଶାରୀ

ନିଦା ମାଟିର ଚାରିକାନ୍ଥ ଘେରା ଘର ମାୟାର
ପଞ୍ଜୁରୀରେ ବନ୍ଧା ମା'ର ମନ ଗାଭୀଟି।

ଚାରି ପାଖରେ ଅବିଶ୍ୱାସର, ପ୍ରତାରଣାର
ଲେଲିହାନ ଶିଖା
ପାପର ବହଳ ଅନ୍ଧାର ଘମାଘୋଟ
ଅମାବାସ୍ୟାର ରାତ୍ରି
ପଞ୍ଜୁରୀରେ ଛଟପଟ ମା'ର ପୂଣ୍ୟାତ୍ମା ଶାରୀଟି।

ଛଟପଟ ହେଉଛି ପ୍ରାଣ
ଅଭାବ ନାହିଁ, ଅଛି ଅନାଦର
ରୁଗ୍ ରୁଗ୍ ଜଳୁଛି ମନ
ଅସୁବିଧା ନାହିଁ, ଅଛି ଅନାଚାର
ମା'ର ମନଶାରୀ ଡେଣା ଫଡ୍ ଫଡ୍ଉଛି
ଉଡି ଯିବ ପଞ୍ଜୁରୀର ଦଦରା ଲୁହା କାନ୍ଥ ଭାଙ୍ଗି।

ଦୁନିଁଆର ରଙ୍ଗ ମଞ୍ଚରେ
କରି ଚାଲିଛି ଅଭିନୟ
ଅନ୍ୟ ସମସ୍ତଙ୍କ ତୁଣ୍ଡ କଥା ଶୁଣି
କହୁଛି ସେ କଥା

ଡାକୁଛି ପୁଅକୁ, ଝିଅକୁ
ଡାକିବାକୁ ଭୁଲି ଯାଇଥିଲା
"ଚକ୍ରଧର - ରକ୍ଷାକର!"
ଏବେ ମନେ ପଡୁଛି ଈଶ୍ୱର
ବିକାର ଲାଗୁଛି ସମ୍ପଦର ଅହଂକାର
ବେକାର ଲାଗୁଛି ବାହୁବଳ, ତିରସ୍କାର
ମାୟା ଘେରା ଏ ସଂସାର ପଞ୍ଜୁରୀ
ଲାଗୁଛି ପାପମୟ
ମନଶାରୀ ଖୋଜୁଛି ଅନନ୍ତ ନୀଳନଭ
ଆଉ ସଂସାରର ମାୟା ବନ୍ଧନରୁ ମୁକ୍ତି।

ମା'ର ମନ ଶାରୀ ଏବେ ଜପୁଛି
"ଚକ୍ରଧର - ରକ୍ଷା କର!"
ଭୁଲି ଯାଇଛି ସ୍ୱାମୀ, ସନ୍ତାନ, ନାତି, ଅଣନାତିଙ୍କ
ନାମ, ନିଜ ନାମ, ନିଜ ଧର୍ମ।

ମା'ର ଚିତ୍ରପଟ

ମା'ର ଚିତ୍ରପଟଟିଏ ଆଙ୍କିବି ବୋଲି
ମନସ୍ଥ କରି କିଣି ଆଣିଲି କାନ୍‌ଭାସ୍, ତୂଳୀ, ରଙ୍ଗ
ସାମନାରେ ନଥିଲେ ବି ହୃଦୟରେ ଥିଲା
ନିର୍ମଳ, ସୁନ୍ଦର ଛବିଟିଏ ତା ନିଟୋଳ ତନୁର।

ତୂଳୀ ଧରି ବସିଛି ତ
ପକ୍ଷ ମେଲାଇ ଛାଟିପିଟି ହେଲା ଅତୀତ
ମନର ଏକାଗ୍ରତାକୁ ଭାଙ୍ଗି ପକାଇଲା
ଛୋଟ ଛୋଟ ଆବେଗର ଜୁଆର।

ଆଖି ପାଲଟିଗଲା ସମୁଦ୍ର
ପାଣି ଫାଟିଗଲା ଗୋଳେଇଥିବା ରଙ୍ଗ
ଧମନୀରେ ଧାଇଁଲା ଦ୍ୱନ୍ଦ, ଦୁଃଖର ଯମୁନା
ମନ ଚିତ୍କାର କରି କହୁଥିଲା
"ଫଟୋଟିଏ ଉଠାଇ ରଖି ପାରିଲୁନି କି ?"

ଅନ୍ତର ଭିତରେ ଝଡ
ସେ ଝଡରେ ଭଉଁରୀ କାଟିଲେ
କେତେ କେତେ ସ୍ମୃତିର ଶୁଖିଲା ପତ୍ର
ଦିଶିଗଲା ମା'ର ଶୁଖିଲା ମୁହଁ

ଆଖି କୋଣରେ ଛପେଇଥିବା ଲୁହ
ହାତରୁ ଖସି ପଡିଲା ରଙ୍ଗପାତ୍ର।

ଲକ୍ଷ୍ମୀଙ୍କ ଆଶୀଷରୁ ସବୁ ତ ଥିଲା ତା ପାଖରେ
ଧନ ଜନ, ଗୋପଲକ୍ଷ୍ମୀ, ସ୍ୱାମୀ, ସନ୍ତାନ, ଘରଦ୍ୱାର
ତଥାପି ତା ଆଖି କଣରେ ଏ ଲୁହବୁନ୍ଦାର ପଟୁଆର କାହିଁକି ?
କ'ଣ ଖୋଜୁଥିଲା, ପାଇଲା ନାହିଁ ସେ
ନିରାଶାରେ ହନ୍ତସନ୍ତେଇ ହେଉଥିଲା କାହିଁକି ତା ଆତ୍ମା ?

ଗଭୀରେଇ ଖୋଜିଲି, ଅଣ୍ଡାଳିଲି
ସ୍ମୃତି ତଳେ ସାଇତା ବିବେକର ସିନ୍ଦୁକକୁ
ଶୂନ୍ୟ - ଶୂନ୍ୟ ପଡିଥିଲା କନା ଖଣ୍ଡକ,
କର୍ପୂର ଉଡିଯାଇଥିଲା କେଉଁ କାଳୁ
ନିର୍ବାକ୍ ପାଲଟି ଗଲି ମୁଁ, ମୋ ଚିତ୍ର ଅଙ୍କା ନୋହିଲା।

■

ମା'ର ଛାଇ

ରାତ୍ରିର ଅନ୍ଧକାରରେ
ଦିଶିଲା ଏକ ଛାଇ
ଧଳା ଶାଢୀ ପିନ୍ଧି କିଏ ଜଣେ
ଚାଲିଗଲା ଝାପ୍‌ସା ଆଲୁଅରେ
ହାତରେ ଖଡିକା ଝାଡୁ ଖଣ୍ଡେ ।

ମୁଁ ବୁଝିଲି
ଏ ତ ମୋ ମା'ର ଛାଇ
ନିଜର ଅସ୍ତିତ୍ୱକୁ ଭୁଲି
ଜନ୍ମ, ମୃତ୍ୟୁ, ପୁର୍ନଜନ୍ମ, ନିର୍ବାଣ
ଆଦି ତଥ୍ୟର ଆଧାର ନଜାଣି
ଯିଏ ଜୀବନର ସରହଦକୁ
ମାପି ଜାଣିଥିଲା କର୍ମରେ,
ଯାହା ତା ପାଇଁ ବିଧି ନିର୍ଦ୍ଦିଷ୍ଟ,
ସେତିକିରେ ସନ୍ତୁଷ୍ଟ ଥିଲା ସେ ।

ଏକ କୋମଳ ଭୟ ଘେରିଗଲା ମୋତେ
ପଚାରିବ କି ମା' ମୋ କର୍ମ ବିଷୟରେ ?

ମନେ ପଡିଲା
କଙ୍କି ଧରିବା ପାଇଁ ସାରୁପତ୍ର ଧରି
ଦଉଡୁ ଦଉଡୁ ହାମୁଡି ପଡିଥିଲି
ବାଡ ଉପରେ, ବାଉଁଶ କଣ୍ଟା ଖେଞ୍ଚି ପକେଇଥିଲା,
ମା' ଆସି ଟେକି ନେଇ କୋଳେଇ ଥିଲା
ଆଉଁସି ଦେଇଥିଲା ଦେହ, ପୋଛି ଦେଇଥିଲା ରକ୍ତ।
ବଡ ହେଲାପରେ ସେ ମୋତେ ଖୋଜିବା ବେଳକୁ
ମୁଁ ନଥିଲି ତା ପାଖରେ, ଫୁର୍ କରି ଉଡିଯାଇଥିଲି
ନିଜର ବସା ବାନ୍ଧିବାକୁ, ସ୍ୱାର୍ଥପର ମନ
ପହଞ୍ଚି ନଥିଲା ତା ପାଖରେ, ତା ରୋଗ ବେଳେ।

ଏବେ ତା'ର ଛାଇ ମୋତେ ଦିଶିଯାଏ
ଅନ୍ଧାରରେ, ଆଲୁଅରେ, ଦାଣ୍ଡ ବାଡିରେ,
କୁଅମୂଳ ଚାନ୍ଦିନୀ ଉପରେ, ପୋଖରୀ ତୁଠରେ
ତା ଆତ୍ମା ବୋଧହୁଏ ଗୋଡଉଥାଏ ମୋତେ
ପରଖିବାକୁ କେତେ ସ୍ୱପ୍ନ ସାକାର କଲି ଏ ଜୀବନରେ।

■

ମା'ର ଭଙ୍ଗା ସୁଟ୍‌କେଶ

ବାପଘରୁ ଯୌତୁକରେ ଅଣିଥିଲା
ମା' ଖଣ୍ଡେ ଟିଣ ସୁଟ୍‌କେଶ
ଟ୍ରଙ୍କ ଠାରୁ ଛୋଟ, ଆଜିକା ବ୍ରିଫ୍‌କେଶ ଠାରୁ ବଡ
ଉପରେ ଗୋଲାପୀ, ସବୁଜ ନାଲି ରଙ୍ଗର ଲତା, ଫୁଲ
ଧଳା ରଙ୍ଗରେ ଧଡି ପରି କୁଟକମ
ପିଲାଦିନେ ଭାରି ଆଗ୍ରହ ଥାଏ ଖୋଲିବାକୁ
ସେଇ ସଯତ୍ନେ ସାଇତା ସୁଟ୍‌କେଶଟି, ଚାବିଦିଆ,
ମା' ତାକୁ କହେ 'ଠୁସ୍‌କେଶ'
ଆଉ କହେ, କେହି ଖୋଲିବନି, ନେବନି।

ବଡ ଉତ୍‌କଣ୍ଠା ଥାଏ ଜାଣିବାକୁ
କ'ଣ ରଖିଛି ମା' ତା ଭିତରେ
ସୁନା ରୂପା ଗହଣା ସବୁ ତ ସିନ୍ଧୁକରେ
କଂସା, ରୂପ, ବେଲା ତାଟିଆ ତ ବଡ ଲୁହା ଟ୍ରଙ୍କ୍‌ରେ
ପାଟ ମଠା ଶାଢୀ ସବୁ ତ ପେଟରାରେ,
ତେବେ ଏଥିରେ ଅଛି କ'ଣ ?

ମା' ଚାଲିଗଲା ପରେ
ଦଶାହ କର୍ମ ସରିବା ପରେ
ଆମେ ପିଲେ ବିଚାର କଲୁ

ଖୋଲିବୁ ମା'ର ଠୁସ୍‌କେଶ୍
କାଲେ ଛାଡ଼ି ଯାଇଥିବ କିଛି
ମହାର୍ଘ ସ୍ମୃତି କି ଅମୂଲ୍ୟ ସମ୍ପତ୍ତି ।

ଚାବି ଭଙ୍ଗା ହେଲା
ଗୋଟେ ଗୁମୁରା ଗନ୍ଧ ଖେଳିଗଲା
ଘେରି ଯାଇ ସଭିଏଁ ଖୋଲିଲୁ ମା'ର ସ୍ମୃତି-ସମ୍ପତ୍ତି
ପାଇଲୁ କଣ ?
ବାପ ଘରୁ ସେ ଆଣିଥିବା ଖଣ୍ଡେ ନାଲି ଶାଢ଼ୀ
ମଙ୍ଗଳା ମନ୍ଦିରରୁ ଗୋଟେଇଥିବା ଆଠ ଦଶ ପୋଥା ସିନ୍ଦୂର
ଦଶ ବାର ହଳ ନାଲି ଠାକୁରାଣୀ ଶଂଖା
ନାଲି ଓଢ଼ଣୀ କେଇଖଣ୍ଡ
ବାପାଙ୍କ ଗାମୁଛାରେ ବନ୍ଧା କେତେଗୁଡ଼େ
ତାଳପତ୍ର ପୋଥି, ଜାତକ ।

ସାଇତି ରଖିଥିଲା ମା'
ଆମ ପିଲାମାନଙ୍କର କିଛି ଭଙ୍ଗା ଖେଳଣା,
ବାପାଙ୍କ ୱିଲସନ୍ କଲମ, ଭଙ୍ଗା ଫ୍ରେମ୍ ଚଷମା
କେତେଗୁଡ଼େ ଡେଉଁରିଆ, ପଦକ
ଖଣ୍ଡେ ବଡ଼ ଚନ୍ଦନ କାଠ, କିଛି ମୟୂର ଚନ୍ଦ୍ରିକା
ଆଉ ତା ନିଜର ସମ୍ପତ୍ତି
ବାପଘରୁ ଆଣିଥିବା ରୂପା ପାଉଁଜି, ବଟଫଳ ।

ଚକିତ କଲା, ଛଳ ଛଳ ହେଲା ଆଖି
ଛାଇ ଛାଇଆ ହୋଇ ଚହଲିଗଲା ମା'ର ରୂପ
ଛାଇଗଲା କର୍ପୂରଦିଆ ସାଲୁକନାରେ ସାଇତା
ଚନ୍ଦନ କାଠର ମହକ
ଆହା, କେଡେ ଯତ୍ନରେ ସାଇତିଛି
ଆମ ପାଇଁ ବେକାର, ମୂଲ୍ୟହୀନ

ଅଥଚ ତା ପାଇଁ ଅମୂଲ୍ୟ, ସ୍ମୃତିଭିଜା
ଏ ନୈସର୍ଗିକ ଦରବ ସବୁ।

ବୁଝି ପାରୁ ନଥିଲୁ
କିଏ ନେବ କେଉଁଟା
ନାକ ଟେକୁଥିଲାବେଳେ ଅନ୍ୟମାନେ
ମୁଁ ଗୋଟେଇ ନେଲି ଚନ୍ଦନ କାଠ ଖଣ୍ଡକ
ପ୍ରତିଦିନ ଘୋରିବା ବେଳେ
ମନେ ପକେଇବି
କେମିତି ଖଣ୍ଡେ ଚନ୍ଦନକାଠ ପରି
ନିଜେ ଘୋରି ହୋଇ, ଘାରି ହେଇ
ମମତାର ମଧୁର ବାସ୍ନାରେ
ଚହଟେଇ ଥିଲା ଆମ ଘର
ଆମ ବାଲ୍ୟକାଳ, ଆଉ ବାପାଙ୍କ ସଂସାର।

ମା'ର ଆୟୁଧ

ମନ୍ଦିର ବେଢାର କନିଅର ଗଛରୁ
ଫୁଲ ତୋଳୁ ତୋଳୁ ଗୁଣୁଗୁଣଉ ଥାଏ ମା'
"ଜୟ ଜଗଦୀଶ ହରେ, ସ୍ୱାମୀ ଜୟ ଜଗଦୀଶ ହରେ।"
ତୁଳସୀ ମୂଳରେ ପାଣି ଢାଳୁ ଢାଳୁ
ଜପୁଥାଏ ମା' "ଜୟ ଜଗନ୍ନାଥ, ଜୟ କାଳିଆ ସାଆନ୍ତ,"
ଦାଣ୍ଡ ଦୁଆରେ ଛୋଟ ଗାତଟିଏ ଖୋଳି
ତା ଭିତରେ ପଣା ଡାଟିଆଟେ ରଖି
ନାଲି ମନ୍ଦାର, ନାଲି ଛିଟ କନା, ନାଲି ସିନ୍ଦୂର ଦେଇ
ଦୁଇ ହାତ ଯୋଡି, ମୁଣ୍ଡ କୋଡି ଡାକୁ ଥାଏ ମା'
"ମା' ଲୋ ମଙ୍ଗଳା ! ସଙ୍କଟ ମୋଚନୀ, ରକ୍ଷାକର ମୋ ପିଲାଙ୍କୁ,"
ସେଇ ପ୍ରାର୍ଥନାଟିକ ହିଁ ତା'ର ଆୟୁଧ।

ମା'ର ସେଇ ପ୍ରାର୍ଥନାର ପ୍ରଭାବରୁ
ବୋଧହୁଏ ନିସଙ୍କଟ ବହୁ ପଥ
ଅତିକ୍ରମ କରିଗଲୁ ଆମେ ନିର୍ଭୟରେ
ତାରି ସେଇ ଭକ୍ତିପୂତ ସମର୍ପଣ ଭାବଯୋଗୁଁ
ହୁଏତ ଆମ ସଭିଙ୍କର ସଂସାର ପୂରିଲା-ପୂରିଲା
ତାରି ଆଶୀର୍ବାଦର ପୂଣ୍ୟ ଯୋଗୁଁ
ଆମେ ସବୁ ନିରଙ୍କୁଶ ଭାବେ ବାହି ଚାଲିଛୁଁ ସଂସାର ନୌକା।

ମା'ଲୋ ! ତୁ ନୁହେଁ ସିନା ଅପ୍ରମିତ ପରାକ୍ରମଭରା
ମହିଷାସୁରମର୍ଦ୍ଦିନୀ, ଦୁର୍ଗତିନାଶିନୀ ଦୁର୍ଗା
ତୁ ସର୍ବଂସହା ମୁକ୍ତ ଆତ୍ମା କୁନ୍ତଳା ଧରିତ୍ରୀ
ସ୍ନେହ, ପ୍ରୀତି, ଆସ୍ଥା, ବିଶ୍ୱାସ, ତୋର ଆୟୁଧ
ତେତିଶ କୋଟି ଦେବଦେବୀ ତୋର ଆରାଧ୍ୟ
ସମସ୍ତେ ସାଦରେ ଗ୍ରହଣ କରନ୍ତି
ତୋ ଆନ୍ତରିକ ଶ୍ରଦ୍ଧା ଓ ଭକ୍ତିପୂତ ଉଚ୍ଚାରଣର ନୈବେଦ୍ୟ,
ତେଣୁ ତ ତୁ ଜଗଜ୍ଜନନୀ ସ୍ୱରୂପା, ମହିମାମୟୀ, ଅମୃତମୟୀ
ତୋ ଆତ୍ମାର ବିମଳ ବିନୟ ପ୍ରାର୍ଥନା ହିଁ ତୋର ଆୟୁଧ ।

■

ମା' କୁ ମଞ୍ଜୁର

ମା'କୁ ମଞ୍ଜୁର ଥାଏ
ବାପାଙ୍କ ଗାଳି ମନ୍ଦ, ଗଞ୍ଜଣା
ରାଗ ଅଭିମାନ ଫିଙ୍ଗା ଫୋପଡା
ମଞ୍ଜୁର ନଥାଏ
ମଦ ନିଶା କି ରାତି ଅଧରେ ଘରକୁ ଫେରିବା ।

ମା'ର ଛାତି ପଥର ହୋଇଯାଏ
ବିଧାତା ଫିଙ୍ଗିଲେ ଦୁର୍ଭାଗ୍ୟର ବର୍ଚ୍ଛା
ଅପମାନର ଅଣଚାଶ
ସଂଘର୍ଷର ବାତ୍ୟା ପବନ
ମା'କୁ ମଞ୍ଜୁର ଥାଏ
ସବୁ ଦୁର୍ଭାଗ୍ୟର ସାମ୍ନା କରିବା
ଯଦି ବାପା ଥାଆନ୍ତି ସାଥୀରେ
ଛିଡା ହୋଇଥାନ୍ତି ତା ସାମନାରେ କି ପଛରେ
ପିଲାମାନେ ଥାଆନ୍ତୁ, ନ ଥାଆନ୍ତୁ ଚଳିବ ।
ମା' ସାମନା କରି ଜାଣେ
ପ୍ରତାପୀ ଘରବାଲାର
ଦୁରାଚାରୀ ମାଲିକର
ଅସନ୍ତୁଷ୍ଟ ସନ୍ତାନ ସନ୍ତତିଙ୍କର
ମଦ୍ୟପ ସ୍ୱାମୀଙ୍କ ବ୍ରହ୍ମଚାପୁଡାର

ତାକୁ ମଞ୍ଜୁର ଥାଏ ଆକାଶ ଖସି ପଡିବା
କିନ୍ତୁ ମଞ୍ଜୁର ନଥାଏ ପ୍ରତାରଣା କି ମିଥ୍ୟାର ଆପ୍ତବାକ୍ୟ।

ମା'କୁ ମଞ୍ଜୁର ଥାଏ
ଦେହ ମେହେନତ କରି ଖଟିବା
ଓପାସ, ଭୋକରେ କାଳ କାଟିବା
ସଂସାର ଜଞ୍ଜାଳର ଯାତନା ସମ୍ଭାଳିବା
ମଞ୍ଜୁର ନଥାଏ ତା ସନ୍ତାନର ଅବାଟକୁ ଯିବା
ତା ପୁଅ ବିଦେଶରେ ଘର କରି ରହିବା
ପ୍ରେମ କରି ଝିଅର ଆତ୍ମହତ୍ୟା କରିବା
କି ସ୍ୱାମୀର ଦାରୀ ଘର ମାୟାରେ ଝୁଲିବା,
ସେ ନିଁଆକୁ ଲିଭେଇପାରେ
ତା ସଂସାରର ସୁରକ୍ଷା ପାଇଁ
ତାକୁ ବି ମଞ୍ଜୁର
ସନ୍ତାନର ସୁଖ ପାଇଁ
କାନର କୁଣ୍ଡଳ କି ଛାତିର କବଚ ଛିଣ୍ଡେଇ ଦେବା।

■

ମା'ର ଲାୱାରିସ୍ ଶବ

ଜାଣ, ମା'ଟିଏ ଲୁଚି ଲୁଚି କାନ୍ଦିଲେ ବି
ନଇଁ ଆସେ ନଡା ଚାଳ ଛପର ଭିତର ଦେଇ
ଅନ୍ଧାର ଘେରା ନିସ୍ତବ୍ଧ ରଜନୀଟିଏ,
ଅଗଣାର ତୁଳସୀ ସ୍ତବକ, ମଲ୍ଲୀ କଢ
ସବୁରି ଆଖିରେ ଭରିଯାଏ ଟୋପି ଟୋପି ଲୁହ
କାକର ଉପରେ ଚିକ୍ ମିକ୍ କରୁଥିବା ଖରା
ଚମକୁ ଥାଏ ମା' ଆଖି କଣର ଲୁହବୁନ୍ଦା ପରି ।

ମା'ଟି ତ ହୃଦୟରେ ଭରିଥାଏ
ପୃଥିବୀ ଯାକର ସବୁ ମମତାର ଗାଗରୀଟିଏ
ସମର୍ପଣର ମହାମନ୍ତ୍ରଟିଏ ସାଇତିଥାଏ ମନରେ
ଆଶୀର୍ବାଦର ପୁଣ୍ୟ ଶ୍ଳୋକଟିଏ ଧରିଥାଏ ଓଠରେ
ମା'ର ହସରେ ଜହ୍ନ ହସେ, ପ୍ରକୃତି ବାସେ
ମା'ର ପୀଡାରେ ଭାଙ୍ଗି ଯାଏ
ରାଜାଘର ସଂଭ୍ରାନ୍ତ ପାଚେରୀ
ଗଡି ପଡେ ରନ୍ ସିଂହାସନ
ଗଜ, ଅଶ୍ୱ, ମୁକୁଟ ସମ୍ମାନ ।

ମା'ଟି କୁମ୍ଭକାରଟିଏ
ନିରନ୍ତର ଚକଟି ମନ୍ଥି ଗଢୁଥାଏ,

ତା'ର ହିସାବ ନଥାଏ ତିଥି ନକ୍ଷତ୍ର ବାର
ମାଟି କି ଆକାଶକୁ ନଥାଏ ତା'ର ଡର
କଳ୍ପନାର କଳ୍ପଲୋକରେ ତା'ର ବିସ୍ତାର।
ତଥାପି ସମୟର ଉଠାଣି ଗଡାଣିରେ
ତା ପାଇଁ କେତେ ବନ୍ଧୁର, କଙ୍କରିତ ରାସ୍ତା
କେତେ ପୀଡା, କଷଣ, ଯାତନା, ଯନ୍ତ୍ରଣା
ରୋଗରେ ପଡିଲେ ଡାକ୍ତର ଆସନ୍ତି ନାହିଁ ତା ପାଇଁ
ଭାଗ ବାଣ୍ଟରା ହୁଏ ତା'ର ବାତ ପୀଡିତ ବାର୍ଦ୍ଧକ୍ୟ
କେବେ ଏ ପାଖରେ, କେବେ ସେ ପାଖରେ,
କେବେ ଖୁନ୍ଦା, ଚାପୁଡା, କେବେ ଅନାହାର, ଅତ୍ୟାଚାର,
ଡାକ୍ତରଖାନାରେ ଶବଟି ହୁଏ ଲାୱାରିସ୍
ବୁଢା ଥିଲେ କାନ୍ଧେଇ ନେଇଥାଆନ୍ତା
କି କୋକେଇ ଯୋଗାଡି ଥାଆନ୍ତା
ଏବେ ତ ଡାକ୍ତରଖାନାର ମର୍ଗରେ ରହି
ପୁଣି ସେ ସାଜିବ ଆନାଟୋମି ଶ୍ରେଣୀର କାଡାଭର୍।

■

##ମା' ରଥର ସାରଥି

ମା'ର ଶରୀର ରୂପୀ ରଥର ସାରଥି
ଆତ୍ମାଟି ଯେବେ ରଥକୁ ପରିହାର କରି
ଉପରକୁ, ଉର୍ଦ୍ଧ୍ୱକୁ ଉଠିଗଲା।
ସେତେବେଳେ ମୁଁ ନଥିଲି ତା ପାଖରେ।

ମାତ୍ର ସେ ତ ସବୁବେଳେ ଥିଲା ମୋ ଆତ୍ମାରେ
ଆମ ଗାଡିଟି ହଠାତ୍ ନାଳରେ ପଡି ଅଟକିଗଲା
ଠିକ୍ ସେଇ ମୁହୂର୍ତ୍ତରେ ଯେବେ ତା ରଥ
ଅସାଡ ହୋଇ ପଡି ରହିଲା ଚଟାଣରେ।
ଦେଇ ପାରିଲିନି ଟୋପାଟିଏ ଗଙ୍ଗାଜଳ ତା ପାଟିରେ
ପଢି ପାରିଲିନି ତା'ର ପ୍ରିୟ ଭାଗବତରୁ ପଦଟିଏ
ଯାହା କରିଥିଲେ ତା ବୋହୂମାନେ,
ଆମେ ଝିଅ ସବୁ ପରଘରୀ ହୋଇ ସାରିଥିଲୁ।

ଖବର ପାଇବା ପୂର୍ବରୁ ଛାତି ଭିତରେ
କିଛି ଗୋଟେ ରୁଟ୍ ରୁଟ୍ ହେଉଥିଲା
ମା'କୁ ଦେଖିବାକୁ ଯିବାକୁ ମନ କରିଥିଲେ ବି
ଯାନ ଅଚଳ ହେଇଗଲା।

ଭାଗବତ ପଢିବା ବେଳୁ ବିଶ୍ୱାସ ଥିଲା
ରଥୀ-ସାରଥୀ ବିଧାତାର ସର୍ଜନା
ସାରଥୀ ହୋଇ ପାରିବନି ରଥୀ
କି ରଥୀ ହୋଇ ପାରିବନି ସାରଥୀ
ଯେମିତି ଶ୍ରୀକୃଷ୍ଣ ହେଲେ ସାରଥୀ
ଚଉଦ ବ୍ରହ୍ମାଣ୍ଡର ହର୍ତ୍ତାକର୍ତ୍ତା ହୋଇ ବି
ଅଥଚ ଧୂର୍ଜଟୀ ହେଲେ ରଥୀ।

ମୋ ମା'ର ସ୍ମୃତି ମୋ ପାଇଁ ଶକ୍ତିର ଉତ୍ସ
ମୋର ସକଳ ବିଶ୍ୱାସ, ଉଚ୍ଛ୍ୱାସ, ନିଃଶ୍ୱାସର
ଫେଣ୍ଟାଫେଣ୍ଟି ଆବରଣ
ଅତୀତର ସ୍ୱଚ୍ଛ ଦର୍ପଣ
ମମତା ଭିଜା ଆତ୍ମାର ସୂକ୍ଷ୍ମ ତର୍ପଣ
ତା ପଣତ ଗଣ୍ଠିରେ ବନ୍ଧା ନିର୍ମାଲ୍ୟ କଣିକା
ଭିତରେ ସୁରକ୍ଷିତ ମୋର ଜୀବନର ତପସ୍ୟାର ଆଧାର।

■

BLACK EAGLE BOOKS

www.blackeaglebooks.org
info@blackeaglebooks.org

Black Eagle Books, an independent publisher, was founded as a nonprofit organization in April, 2019. It is our mission to connect and engage the Indian diaspora and the world at large with the best of works of world literature published on a collaborative platform, with special emphasis on foregrounding Contemporary Classics and New Writing.

www.ingramcontent.com/pod-product-compliance
Lightning Source LLC
Chambersburg PA
CBHW060608080526
44585CB00013B/726
* 9 7 8 1 6 4 5 6 0 4 7 4 7 *